비블리오드라마와 '몸'의 현상학

비블리오드라마와
몸의 현상학

황헌영 지음

도서
출판 액션메소드

서문

한국비블리오드라마협회(한비협)가 창립된지 근 4년이 지나고 있다. 그동안 아홉 차례의 학술대회를 통하여 이미 기독교교육과 기독상담 그리고 독서치료 분야와 연관된 비블리오드라마의 주제로 귀한 학술활동을 펼쳐왔고 수십 번의 임상적 만남과 발표를 통하여 비블리오드라마의 실제 현장을 전하는 소중한 경험을 할 수 있었다. 특별히 지난 2020년에 한국비블리오드라마협회(편)가 "교육 및 상담을 위한 비블리오드라마의 이론과 실제"라는 책을 한비협 수퍼바이저들과 함께 저술하여 출간(학지사)한 것은 한국의 비블리오드라마가 학문적으로 진일보할 수 있는 귀한 계기가 되었다.

한비협이 이처럼 짧은 역사에도 불구하고 귀중한 학술 및 임상실제 현장을 발전시켜 나가는 것에 대해 감사함을 느끼는 한편, 필자의 마음 한구석에는 늘 한가지 허전함이 남아 있었다. 그것은 비블리오드라마를 소개하려 여러 곳을 다니며 강연도 하고 실제 시연을 할 때 '몸'의 체현(enactment: 몸의 시연을 통한 의미 창출)을 강조하는 비블리오드라마가 지금 현시대에 크게 일고 있는 '몸'의 담론과 어떠한 평행선을 이루고 있느냐 하는 질문 때문이었다. 한국의 비블리오드라마 협회의 학자들이 나름대로 열심을 기울여 여러 서적을 출간하였지만 현대에 이르러 '몸'의 담론을 형성한 철학, 특별히 '몸'의 현상학과 연관하여 펼친 연구는 아직 부재중이다. 필자는 비블리오드라마를 소개하고 교육하는 사람으로서 비블리오드라마에 담겨있는 '몸'에 대한 가르침을 당대의 사상적 기반을 제공하는 철학적인 시각과 비교하여 학문적 맥락의 평행선을 찾는 작업이 필수적임을 절실히 깨달았다. 이에 저술을 결심하였다. 본서는 이러한 결단 아래 평소 강연을 통해 밝혔던 부분들을 기초로 하여 나온 첫 저술이다. 방대한 철학의 세계와 고대 유대인의 미드라쉬의 전통 해석법에서 기원을 찾는 비블리오드라마를 비교하고 연구하는 작업은 큰 시간과 열정을 요하는 작업이다. 몇 개월의 단시간 내에 이를 써 나간다는 것은 처음부터 무리가 있는 일이었다. 하지만 이렇게라도 이 분야에 초석을 놓으면 후학이 더욱 큰 발전을 이룰 수 있으리라는 희망을 가지고 이 책을 출간한다. 이제 많은 분들이 비블리오드라마의 철학적 기반을 정리하는 귀한 작업을 이어 나가길 소망한다.

이 책의 발간을 위해 도움을 준 분들에게 감사를 표하고 싶다. 먼저 필자에게 연구학기를 허락하고 이 연구를 지원한 서울신학대학교에 감사드린다. 그리고 한비협 제 8차 학술대회에서 발표했던 저자의 논문에 논찬을 통해 책으로 확장할 수 있도록 조언해주신 한비협 초대회장 김현회 교수님 (열린사이버대학교)께 감사의 인사를 드린다. 이 책이 완성되는데 있어서 실제 드라마치료 현장 경험으로 대화를 나누는 친구 김세준 교수와 교정자 이배훈 선생의 도움이 컸다. 또한 책의 출간을 허락하신 액션메소드 출판사 이영미 대표님과 한비협 수퍼바이저 이미숙 선생께 감사한 마음을 전하고 싶다. 무엇보다, 늘 곁에서 큰 힘이 되어주는 아내와 응원하는 딸들, 그리고 멀리 알래스카에서 기도해 주시는 아버지께 감사의 인사를 드린다.

2023년 12월 1일 **소사 언덕에서 저자**

CONTENTS

제 4 부 비블리오드라마 현상학

〈부록〉 비블리오드라마의 현상학적 분석

들어가는 말

　'몸'에 대한 투자! 요즘 우리 사회에 불고 있는 젊은이들의 '몸' 관련 열풍이 예사롭지 않다. TV나 인터넷 매체들을 보면 건강 관리 프로그램의 홍수를 넘어서서 이제 영 제너레이션(young generation)의 '몸짱' 관심을 겨냥한 프로그램들이 대세이다. 새로운 세대는 '몸'을 위해 사용하는 돈과 시간을 아까워하지 않는다. 거리마다 PT(Physical Training) 센터들이 널려 있고 필라테스에 대한 관심도 뜨겁다. 섹시하고 예쁜 몸, 그리고 강하고 멋진 몸을 만들기 위한 열풍이 대단하다. 왜일까? 무엇이 젊은이들로 하여금 기성세대가 그토록 매달리는 집이나 직장 보다도 더 '몸 투자'에 몰두하게 하는 것일까? 그 대답은 의외다. 젊은이들은 현재와 미래를 위한 투자에 가장 확실한 것은 '몸'뿐이라고 믿기 때문이라 한다.[1] 진로를 예측할 수 없고 부동산의 가격도 오락가락하는 현실 속에서 '몸'만큼 소중하고 확실한 투자가 없다고 한다. '몸' 관리만 잘하면 자기가치(나르시시즘)가 충족되고 소셜미디어(SNS)에서 인정을 받으며 이를 기반으로 삶의 동반자도 잘 만날 수 있어 멋진 외모의 좋은 인상은 여러 면에서 큰 도움이 된다고 믿는다. 미래에 재난이 오든 혹은 오늘 어떤 큰 일이 벌어지든 몸만 '강하면'(멋있고 예쁘다면) 다시 일어설 힘이 된다고 본다.

눈부시게 발전하는 과학기술문명의 첨단도 '몸'의 중요성을 강조하고 있다. 인간의 건강과 수명연장을 위해 연구하는 의료분야의 과학기술 사용은 현재 동물의 몸에서 인간의 피부와 장기까지 만들어 추출하는 수준에 이르렀다. 쥐의 등에서 사람 귀 배양 연구가 성공했다는 기사를 읽은 적이 있는가? 2016년 일본의 한 연구진은 사람의 귀같이 생긴 형상을 만들어 실험용 쥐의 등에 이식했는데 5cm 크기의 사람 귀처럼 생긴 기관이 쥐의 등에 자리를 잡는 효과가 나타났다고 영국 일간 데일리 메일을 통해 전달하였다. '올챙이의 꼬리에서 자라는 눈'에 대한 이야기도 재미있다. 시력을 상실한 올챙이에게 눈을 꼬리로 옮겨 자라게 했더니 시력을 되찾게 되었다는 소식이다. 독일에서 개코 원숭이에게 돼지의 심장을 이식하는 일이 성공하였는데 계속되는 실험을 통해 이식에 따른 생존 시간은 계속 늘어가고 있다고도 한다. 서로 다른 종의 유전자를 결합하여 이식용 장기를 만드는 연구가 성공적으로 이루어지고 있는 것이다.[2]

이러한 소식들이 인간의 손상된 몸의 치료와 건강 향상에 큰 도움을 주리라는 희망을 전한다. 하지만 두려운 마음도 든다. 혹이라도 이젠 동물의 몸이 아닌 인간의 몸도 불법적인 장기이식을 위해 남용되는 일이 생기지 않을까 하는 우려이다. 불법 장기 이식을 위해 인간의 신체 일부를 사고파는 '몸의 상품화' 현상이 나타날 수 있기 때문이다. 이러한 우려는 실제로 2010년에 실화를 바탕으로 제작한 영화 〈버크와 헤어(Burke & Hare)〉에 반영되었다. 이 영화는 1829년에 영국에서 버크와 헤어라는 범죄자들이 신원미상으로 분류될 만한 사람 16명을 연쇄살인 하여 장기를 팔아 넘기는 사건을 보여주었다. 이득을 위해서라면 인간의 '몸'도 돈벌이의 수단이 될 수 있으며 특별히 자본주의 사회에서는 가난하고 소외된 자들의 '몸'에 대한 착취와 학대는 더욱 심화될 가능성이 있음을 이 영화는 경고했다. '몸'을 상품으로 전락시키는 것은 '몸'의 가치를 높이는 일이 아니다. 오히려 인간 이득을 위하여 '몸'이 남용되고 학대 받는 일을 초래할 뿐이다.(이선옥, 2003, p.85) 눈부신 과학기술 문명의 발달에 따라 '몸의 상품화'가 가속화되어 결국 인간성 파괴의 '탈인간화' 현장을 보이게 되지 않을까 두려워진다.

그렇다면 기독 공동체에서는 '몸'에 대하여 어떠한 시각으로 바라보며 '몸'을 어떻게 대접하고 있을까? 기독 공동체는 '몸'에 대한 성경의 가르침을 어떻게 해석하고 있으며 '몸'이 인간존재와 삶에 주는 혜택과 선물을 어떻게 활용하고 있을까? 안타깝게도 지금까지 '몸'을 바라보는 기독 공동체의 시각은 다음과 같은 경향에 머물고 있음을 인정할 수밖에 없다.

첫째, 기독 공동체는 '몸'을 정신보다 열등하거나 저급한 삶의 요소로 간주하는 경향이 있다. 신앙공동체는 물질을 정신보다 열등하고 차원이 낮은 삶의 요소로 여기며 많은 부정적인 것을 '몸'과 연관시켜 경계하기도 한다. 이는 신약성경이 형성되던 시기로부터 형성되어온 영지주의 영향의 잔재이기도 하다. 영지주의는 신 플라톤주의 아래 몸을 죄악시하고 인간 구원을 이루는 데 최고의 걸림돌로 보았다. 물론 신약의 교회는 영지주의와 맞서 싸우며 영지주의와 대항하기 위하여 신약성경을 기술하기도 하였지만 그 영향력을 완전히 배제할 수 없었다. 교회 공동체 안에서는 몸과 영혼을 극단적으로 구분하고 몸이 영혼의 유익에 위배되는 구성요소가 된다는 가르침이 계속되었다. 근대에 이르러는 데카르트식 관념론의 영향으로 '몸'의 감각이나 지각보다는 사유를 통하여 하나님에 대한 교리를 정리하고 개념화하는 작업에 치중하게 하였다. 이로 인해 성경을 해석하는 데 있어서 '몸'의 가치는 배제되었고 신체를 활용한 신앙활동도 '정신과 사고'에 비하여 부차적인 것으로 여기며 도외시하게 되었다.

앞으로 이 책에서 설명하겠지만 '몸'에 대한 이러한 저평가는 성경이 주장하는 참된 인간회복의 메시지와는 정면으로 위배되는 사상이다. 성경은 인간의 몸(신약에서는 soma, $\sigma\acute{\omega}\mu\alpha$; 구약 nephesh)을 하나님의 선한 창조물로 여기며 구원받고 회복되어야 할, 창조적 원형으로서 소중히 여길 것을 강조한다. 물론, 성경이 죄와 율법의 지배를 받는 몸(사르크스, $\sigma\acute{\alpha}\rho\xi$)을 경계하지만 성경이 '바라는 몸'은 언제나 하나님의 창조와 구원의 작품, 전인적인 인간 원형으로서 회복되어야 할 몸 '소마'이다.

둘째, '몸'에 대한 이러한 저 평가된 시각은 성경을 바라보고 해석하는 과정에도 큰 영향을 미쳐 '몸'을 소외하고 '정신'(머리)만으로 성경에 접근하여 성경의 뜻을 관념론적인 방법으로만 찾으려는 경향을 갖게 하였다. 이럴 때, 성경은 '머리'로만 읽게 되고 '몸'으로 읽고 체험하는 방법은 무시될 수밖에 없다. 몸을 소외시키는 관념론적 신학은 '몸'이야말로 성경이 전달하는 의미를 깨닫는 '경험의 주체'로서 역할을 할 수 있다는 사실을 인지하지 못한다. 실제로 성경에는 '머리'보다 '몸'으로 먼저 행하여 얻는 유익을 가르치는 내용이 많다. 하나님의 말씀을 묵상할 때 잔잔한 시냇가에 가서 하나님의 창조세계를 오감(five senses)로 접하여 얻는 평안(시편 23:2~3)과 찬양할 때 몸을 움직여 소고를 치고 노래하며 춤으로 마음을 표현하라는 제안(시편 150:4), 그리고 경건의 유익을 위하여 육체의 훈련이 필요함을 역설하는 말씀들(이사야 58:11, 요한삼서 1:2)이 그것이다. 무엇보다 성경은 '성육신'(incarnation)을 선포한다. 말씀(하나님)이 '육신'(몸)이 되어 세상에 찾아 그리스도가 십자가에서의 희생과 몸의 부활을 통해 하나님의 뜻을 완성하였음을 강조한다.

이렇듯 성경의 가르침은 우리가 성경의 메시지를 몸으로 체험하는 방법을 배제하지 않는다. 몸을 통한 진리의 경험은 그동안 '머리'로만 성경을 이해해 온 제한된 시각을 극복하고 성경과 전인적으로 만나 진정한 대화를 나눌 수 있게 한다. '머리'로 성경을 이해하려 할 때 읽는 이인 '나'가 주체가 되고 성경은 독서의 대상으로 객체가 되지만 '몸'으로 성경의 내용을 표현하고 경험해 들어가면 성경이 주체가 되어 나의 삶을 드러낸다. 객체가 된 나의 삶을 깨닫게 한다.

셋째, 몸을 소외시키고 정신에 비하여 열등한 영역으로 차별화할 때 몸에 대한 존중은 사라지고 몸을 잘못 사용하고 학대하는 일을 자행할 수 있다. 앞서 말한 상품화된 몸의 모습처럼 몸은 인간의 '목적'을 달성하기 위한 '수단'으로 전락된다. '머리'가 내리는 명령에 따라 저급한 '몸'은 언제든지 그 가치가 무시되고 희생되며 심지어 억압될 수 있는 상태에 놓이게 된다. 그리고 세계 곳곳에서 종교의 이름으로 감행하는 '몸'의 학대와 억압은 기독교회에서도 예외는 아니었다. 일례로 중세기 구마행위로 몸을 때리거나 심지어 화형에 처하던 일이 최근까지 기도원의 안찰 사건으로 행해지고 있었음을 부인할 수 없다.

기독교 공동체는 성경 안에서 사르크스(죄의 지배와 조정아래 있는 몸)에 대한 경계를 마치 소마(창조된 인간의 몸)에 대한 경계로 여기고 몸(소마)을 학대하며 그 정당성을 부여하고 합리화하기도 하였다. 역사적으로 볼 때 서구 기독교회가, '정신'적으로 발달한 서구인들이 제3세계를 정복하고 계몽한답시고 열등한 '몸'들을 지배하고 조정하는 식민주의의 압제에 일조한 것이 사실이다. 아직도 세계 각 곳에서 행해지고 있는 남녀 차별도 고대의 종교적 가르침에 따라 실행되는 경우가 많다. 여성의 가치를 신체적인 것으로만 폄하하는 종교의 가르침을 근본주의 기독교회에서 아직도 강조하기도 한다.[3]

어쨌든 기독공동체 안에서도 '몸'은 많이 불편하고 심지어 아픈 상태이다. 사람들은 마음에 상처가 많다고 하지만 실제로 그 아픔이 '몸'에 머무는 경우가 태반이다. 몸은 기억한다. 증상은 주로 몸에서 시작되고 몸으로 관찰되기 때문이다. 따라서 몸을 돌보아 안정을 취하게 하며 자유로운 움직임을 통해 경직된 상태가 풀리고 자연스럽게 삶을 살아 갈 수 있도록 돕는 것이 중요하다. 이렇게 신체를 자유롭게 움직이어 모든 감각을 살아나도록 하는 방법으로 삶을 새롭게 누릴 수 있도록 돕는 치료적 방법론이 필요하다. 성경의 진수를 깨닫는 방법도 이와 다르지 않다. 몸을 움직여 성경의 내용을 '체현'(몸으로 표현하여 그 의미를 체험하는 행위)할 때 성경은 인간 생명체에 새롭게 다가와 깨달음을 줄 수 있다. 성경을 '머리'의 작업을 위한 도구로만 사용할 것이 아니라 성경이 '주체'가 되어 우리 몸에 메시지를 전하고 있음을 깨달을 필요가 있다. 그래야 몸도 치유되고 회복되며 인간 삶에 대한 통합적인 치료와 영적인 자기실현을 이룰 수 있을 것이다.

다행히 기독공동체에서 현재 시행하는 비블리오드라마는 '몸'의 중요성을 강조하여 '몸'을 통해 성경의 의미를 발견하고 인간의 치유를 돕고 있다. 고대 미드라쉬(Midrash) 성경 해석방법을 되살리어 성경이 전하는 메시지를 전인적으로 체험하고 깨닫게 한다. 삶을 위한 새로운 역할을 시도하게 하고 새로운 삶을 경험하게도 한다. 비블리오드라마는 신체를 활용한 통합적 집단상담의 모형이며 현 기독상담의 추세라 할 수 있다.(최금례, 2017; 황헌영, 2019; 김현희 외, 2020).

비블리오드라마의 국내외 발전 역사를 살펴보자면 1960년대에 참여자 중심의 성경교육의 일환으로 독일에서 신체활동을 통한 성경연구방법으로 시작된 것을 그 기원으로 들 수 있다.[4] 이 운동이 1980년대에 이르러 미국에서 기독교 집단상담운동으로 발전하였고 한국에서는 2000년대 중반부터 사이코드라마학회에서 비블리오드라마를 도입하면서 처음 소개되었다. 이때 기독교 상담학자들은 집단을 대상으로 '몸'을 활용하여 성경의 이야기를 접하는 프로그램을 시행하여 치유와 성장의 효과가 나타남에 주목하게 되었다.(황헌영, 2007, 김세준, 2009). 이후, 한국 기독교교육계에서 비블리오드라마가 주는 창의적이고 자발적인 과정학습이 성경과 학습자의 상호소통을 하게 하며 삶을 변화시킬 수 있는 실제적 기독교교육 방법론으로 세워질 수 있음을 강조하기에 이르렀다.(고원석, 2016) 그렇게 비블리오드라마는 기독교교육 및 기독상담 분야에서 적극 활용할 수 있는 유용한 도구가 되었다. 이에 따라 비블리오드라마는 아동 및 청소년 성경교육, 청년들을 위한 자기성장 집단프로그램, 가족의 치료를 돕는 기독교적 소시오드라마 등으로 발전해 가며 현재 기독교 집단 상담 및 교육 프로그램으로 자리잡아 가고 있다.(김려원, 2014; 강희숙, 이진헌 2019; 김세준, 황헌영, 2018; 황헌영, 2019)

하지만 한국에 도입된 비블리오드라마는 지금까지 기독공동체의 집단 활동에 적용하기 위한 가능성을 타진하고 그 효과를 알리는 데 집중해 온 것이 사실이다. 이제 비블리오드라마의 과정 속에서 성경을 신체로 경험하여 얻게 되는 전인적 깨달음과 치유의 효과가 가진 의미를 정초할 때가 되었다. 인간존재에 있어서 '몸'이 담당하는 역할, 몸의 표현으로 일어나는 인간관계의 양상, 그리고 그것을 집단에서 상호주관적으로 경험하는 방식 등에 대하여 비블리오드라마의 선각자들이 주창해 온 '몸'에 대한 견해를 심도 있게 살피어 당대의 '몸'의 담론과 비교하고 평행선적 이해의 지평을 펼쳐나갈 필요가 있다.

이런 의미에서 현대 '몸'의 담론을 형성하는 데 철학적 기분을 제공한 Maurice J. Merleau-Ponty(1908-1961)의 '몸'의 현상학은 비블리오드라마가 주목해 볼 만한 분야이다. 메를로-퐁티(M. Merleau-Ponty, 1908-1961)는 현대 현상학의 창시자 E. Husserl과 M. Heidegger가 형성한 현상학의 관점들을 비판적으로 수용하여 '몸'의 현상학을 주창하였다. 그는 세상에 현상하는(나타나는) 것들은 인간 존재가 '몸'으로 세계에 참여하여 '육화된'(embodied) 상태로 체험하고 발견하는 의미에서 규명된다고 보았다. '몸'이야 말로 인간 생명체가 세계 안에서 실존하는 상황을 가장 실제적으로 보여주는 것이며 모든 현상하는 것들의 의미를 구성하는 요소가 된다고 하였다. 그는 이러한 인간 몸의 작용을 가리켜 '체현하는 몸'(the enacted body)이라고 명하였고 이 '체현하는 몸'이 세상에 참여하여 세계와 함께 현상을 드러내고 그 의미를 규명한다고 주장하였다.

몸의 현상학은 오늘날 상담심리치료 분야에 있어서 특별히 신체를 활용하는 표현예술치료 분야가 전개해 온 신체 표현을 통한 치료의 의미와 효과를 설명할 수 있게 해주었다.(류의근, 1997; 양해림, 1999; 이선관, 2002; 공병혜, 2010; 이종주, 2018) 기독집단상담 비블리오드라마 역시 신체 표현 기법을 주로 하는 집단 성경체험 프로그램이다. 따라서 몸의 현상학이 제시하는 '몸'의 체현에 따른 설명을 짚어가며 비블리오드라마 과정을 하나하나 분석해 나갈 때 몸의 현상학과 학제적 이해를 돕는 평행선적 이해가 가능하리라 본다. 이를 토대로 비블리오드라마는 몸의 현상학에서 철학적 기반을 찾을 수 있을 것이다.

이를 위해 이 책의 1부에서는 비블리오드라마와 그 형성의 배경이 된 고대 미드라쉬의 발자취를 살펴었고 또한 기독교의 역사 가운데 미드라쉬의 시각이 사라진 배경으로 심신이원론에 바탕을 둔 철학의 영향력을 살펴보았다. 2부에서는 현대철학 특별히 현상학의 발전역사를 뒤지며 세상의 현상을 살피는 이 학문이 어떻게 훗설에 의하여 시작되어 하이데거와 사르트르 그리고 메를로-퐁티에 이르러 몸의 현상학으로 발전하게 되었는지 그 과정 속에 나타나는 주요개념들을 정리하였다. 3부에서는 메를로-퐁티가 제시한 몸의 현상학 주요개념들을 정리하여 4부에서 비블리오드라마에 적용되는 몸의 현상학 요소들을 발견할 수 있도록 구조적으로 살펴보았다. 더불어 첨부된 부록(비블리오드라마의 사례분석)에는 몸의 현상학 개념들이 실제로 비블리오드라마 과정에서 어떻게 발견되고 있는지 사례별로 관찰하였고 몸의 현상학이 제시하는 '몸으로 체현'하는 삶의 의미가 어떻게 비블리오드라마에 나타나고 규명되는지 사례를 분석하며 정리해 보았다.

혹자는 비블리오드라마의 이론과 실제에 대한 철학적인 이해의 작업이 꼭 필요하겠는가 하고 반문할지 모른다. 하지만 철학 이야말로 역사 이래 인간과 세계를 이해하는 기본적인 틀을 제공해왔고 당대의 사상들이 학문의 정초를 견고히 세우는데 큰 기반을 제공해 왔음을 우리는 간과할 수 없다. 또한 어떠한 상담운동도 철학적 이론의 틀을 점검하지 않고 실제적인 기법들의 의미를 확보해 나갈 수 없음을 우리는 잘 안다. 비블리오드라마의 좋은 치유의 효과가 가진 의미를 규명하기 위하여 우리는 그 과정에 대한 철학적 정초 작업을 하여야 한다. 그렇게 학제적 대화의 토대를 마련해 나갈 때 비블리오드라마는 비로소 이 시대에 적합한 집단상담으로서의 그 이론과 실제의 세계를 견고히 세우며 더욱 의미 있는 발전을 이루어 나갈 수 있으리라 본다. 이제, 비블리오드라마를 통해 '몸'의 현상학으로 접근하는 성경의 세계를 살펴보며 그 안에서 인간 존재가 '체현'하는 것들이 무엇인지 찾아가 보도록 하자.

1

비블리오드라마와
몸의 현상학

몸과 성경

성경을 읽는다는 것은 성경의 글자와 문단을 인지적으로 이해하는 것을 말한다.
반면 성경을 본다는 것은 성경이라는 대상 전체를 내 '몸(눈)으로' 대하며
육적으로 만나는 것을 의미한다.

전자는 성경을 '대상'으로 삼아 본문을 구성하는 문장과 단락을 분석하며
글자 하나하나의 의미를 탐구하는 이성적이고 합리적인 방법으로
성경을 해석하는 작업을 의미한다.

후자는 성경이 주체가 되어 전달해 주는 이야기를
우리의 몸으로 성경의 인물이 되어
직접 메시지를 받게 되는 체험의 작업을 말한다.

몸으로 읽는 성경

사순절 그리스도의 고난을 묵상하는 주간에 성경공부 참여자들은 주어진 본문에 나오는 인물 '유다'가 되어 그 역할에 따른 행동을 재연해 보기로 했다. 누가복음의 텍스트 "열 둘 가운데 하나인 유다라는 사람이 예수께 입을 맞추려고 가까이 왔다"(누가22:47-48)을 읽고 가만히 침묵의 시간을 가진 후 일어나 줄을 선다. 감람산에서 기도하는 스승 예수를 관원들에게 팔아 넘기는 유다의 몸 움직임을 체험하기 위하여 각자 순서를 기다린다. 디렉터의 신호에 따라 한 사람씩 스승에게 걸어가서 뺨에 입을 맞춘다. 평소에는 해당 본문 "예수께 입을 맞추려고 가까이 왔다"를 읽는 데는 단 1초의 시간도 걸리지 않았다. 하지만 지금-여기에서 유다가 되어 예수에게 다가가려니 모두의 발걸음 속도가 다양하다. 성큼성큼 아무렇지도 않은 표정으로 다가가 스승을 확 껴안는 유다가 있는가 하면, 뭔가 마음의 거리낌을 보이며 망설이는 듯한 몸짓으로 걸어가 스승에게 간신히 입 맞추고 바로 자기 얼굴을 가리는 유다가 있다. 어떤 유다는 차마 스승의 얼굴을 쳐다보지도 못하고 손가락으로 스승을 가리키다 도망친다. 스승 앞에서 서서 눈물을 훔치는 유다도 있다. 모두 자리로 돌아올 때 마음에 큰 여운을 안고 소감을 나눈다. 예상치 못한 다양한 목소리들이 쏟아져 나오며 본문의 의미를 새롭게 한다.

체현(enactment)되는 성경이야기

비블리오드라마는 이처럼 참여자들로 하여금 '몸'을 움직여 성경의 이야기를 재연하고 성경 인물의 심정을 몸으로 '체현'(enactment)하는 집단 프로그램이다. 곧 참가자들이 몸으로 성경을 표현하고 체험하여 성경이 드러나는 메시지를 입체적으로 깨닫고 자기의 삶에 적용할 수 있도록 돕는 집단 프로그램이다. 지금까지 전통적인 성경에 대한 연구나 활동은 본문을 이해하기 위하여 성경을 '머리'로 파헤치는 작업을 주로 해왔다. 주어진 본문의 역사와 문화적 배경을 살피고 문헌의 장르를 구별하며 성경을 개념화하는 관념론적 작업이 주를 이루어 왔다. 하지만 비블리오드라마는 성경이 전하는 의미를 찾아가는 과정 속에서 '머리'를 통한 이해의 작업보다는 신체를 활용하여 '몸'으로 체험하는 방법을 취한다. 참가자들은 직접 성경 인물이 되어 역할을 연기하고 성경의 상황 가운데로 들어가 성경 인물들의 심정을 헤아리며 그들의 생각을 통찰하는 기회를 갖는다. 이러한 과정을 통해 비블리오드라마는 신체활동으로 성경인물의 심정을 헤아려 참가자 자신의 감정정화를 경험하고 자기성찰을 하는 집단상담이 되기도 한다.[5]

어원을 살펴보더라도 '비블리오드라마'는 '몸'의 행위를 통해 성경의 메시지와 그 의미를 발견해 내는 작업임을 알 수 있다. 비블리오드라마는 성경(Biblio)에 '드라마'(drama 행위)를 더하는 작업이기 때문이다.(고원석, 2020, p.15) 곧 '비블리오 플러스(+)'의 작업인데 성경책(Biblio)의 이야기에 행위를 더하는 육화(embodiment)의 작업이다.[6] 비블리오드라마는 성경이 전달하는 의미를 파악하기 위하여 텍스트의 단어들을 분석하여 개념적인 이해(conceptualization)를 하기보다는 텍스트를 몸으로 표현하고 재연하여 깨닫는다. 이를 통해 성경의 이야기가 참가자의 몸을 통해 '체현'(enactment)

되며 깨달아진다. 즉, 성경의 본문(말씀)이 참가자의 '몸'의 표현을 통해 '성육'(incarnation)하는 사건이 일어난다. 참가자는 성경을 단순히 '읽는' 독자의 수준을 넘어서서 '몸'으로 성경에 참여하고 성경의 메시지가 육화(embodiment)되는 경험을 하며 이를 통해 성경과 자신의 삶이 연결되고 더 나아가 하나로 어우러지는 체험을 한다. 몸으로 표현하여 체험하는 비블리오드라마의 한 예를 살펴보자.

"읽어버린 드라크마의 비유"
"어떤 여자에게 드라크마 열 닢이 있는데, 그가 그 가운데서 하나를 잃으면, 등불을 켜고, 온 집안을 쓸며, 그것을 찾을 때까지 샅샅이 뒤지지 않겠느냐?" [누가15:8, 새번역]

성경 본문을 읽은 모든 참여자는 잃어버린 10개의 드라크마가 되어 보기로 했다. 모두는 주어진 공간인 교실 여기저기로 흩어져 자기 몸이 보이지 않게 천을 뒤집어쓰고 웅크리고 있다. 비블리오드라마의 디렉터는 가만히 그들을 관찰한다. 의자와 책상들 뒤에 끼어 있듯이 숨어있는 사람들, 쭈그리고 앉아 있는 사람들, 그리고 넘어져 있는 사람도 있다. 모두 잃어버린 드라크마의 모습을 몸짓으로 재연하고 있다. 디렉터는 가만히 한 사람씩 그들에게 다가가 대화를 시도한다. 의자들 틈바구니에 어두운 갈색의 천을 뒤집어쓰고 불편한 듯이 앉아 있는 한 사람이 있다.

(D: 디렉터P: 역할참가자)
D: (당신은 누구입니까?)
P: "나는 잃어버린 드라크마입니다."
D: (아, 잃어버린 상태의 드라크마! 지금 심정은 어떤가요?)
P: "여기 마루 틈 사이에 끼어서 참으로 몸이 참 갑갑하고 아파요. 내가 나이가 많은 노인이라 더

더욱… 그런데 이 사정을 누가 알지도 못하고….!".

D: (그러시군요! 연로하신 드라크마이시군요. 정말 많이 힘드시겠어요)

P: "여기저기 몸이 말이 아니에요. 그래도 가슴이 제일 답답해요. 맴~(마음)이 제일 힘들지요. 앞으로 어떻게 될지 희망도 보이지 않고 이러다 그냥 잊혀져 버리는 거 아닌지 모르겠어요."

D: (그러시군요. 몸이 아프시니까 마음도 더 약해지시고… 누가 와서 이 사정을 알아주면 좋을 텐데…그러면 여기에 얼마 동안이나 이 상태로 계신 건가요?)

P: "한 3년은 된 것 같습니다."

D: (3년이나요? 참 오랜 시간이었네요. 어쩌다 이렇게 이곳에 잃어버려 지셨나요?)

P: "주인이 일을 하다가 실수로 우리를 쏟아서 굴러 떨어졌습니다."

D: (굴러 떨어지셨다구요?)

P: "네. 주인 주머니 안에서 찰랑찰랑 재미있게 잘 지내고 있었는데. 그런데 갑자기 굴러 떨어지니 너무 놀랬어요. 그런 일을 당해 본 적이 없거든요. 사실 우리는 '돈'이기에 모두가 좋아해서 조심히 다루거든요. 이렇게 버려지는 일은 거의 없어요. 있을 수 없는 일이지요"

D: (소중한 존재인데 이런 일을 당하셨군요. 그래서 이 상태가 더 어이없게 느껴지시구요. 그런데 … 방금 '우리'라고 하셨는데 다른 드라크마들도 함께 굴렀나요?)

P: "네, 저희들 모두 함께 지내던 친구들이었는데 정이 많이 들었었거든요. 그런데 이제는 각각 흩어져 볼 수가 없네요."

D: (그러시군요. 다들 보고 싶고 더 외로우시겠어요. 주인은 뭘 하던가요? 그동안 3년이나 되었는데)

P: "아, 우리 주인은 나를 잊어버린 듯합니다. 아니면 포기했을 수도… 내가 여기 있어서 보이지 않으니 이제 저를 원치 않을 수도 있어요. 더구나 나는 동전들 중에 제일 낡은 것이어서 벌써 포기했는지도 몰라요!"

D: (그러시군요. 주인이 '나'를 이젠 더 이상 소중히 여기지 않을지 모른다는 생각도 들고… 저기를 보세요. 주인의 뒷모습이 보이네요. 뭔가 찾고 있는 것 같은데 주인이 들을 수 있는지 모르겠지만 주인에게 한 마디 하고 싶은 말을 해보세요. 외쳐 보세요!)

P: "주인 어른! 여기를 좀 봐요. 나를 잘 찾아봐요. 나는 당신이 나를 처음 받아 손에 쥐었을 때 그 얼굴 표정이 생각나요. 당신은 내가 흠이 많고 흉터가 많았지만 그래도 돈이라고 하면서 돈을 벌었다고 좋아했지요. 내가 오래되어 닳아버린 동전이었는데도 나를 가치 있게 여겨준 일 고마워요. 나도 이대로 당신에게 잊혀지고 싶지 않아요. 당신이 나를 소중하게 여기며 바라보는 모습을 다시 보고 싶어요… 다시 나를 찾아 주세요. (그의 눈에 눈물이 스친다. 간절한 마음의 소리가 들리는 듯하다.)

디렉터는 다른 드라크마들 몇몇에게도 다가가 같은 방식으로 인터뷰식 대화를 나눈다. 그들이 주인에게 외치는 말을 방안에 있는 모든 참가자들이 함께 듣는다. 대화를 마친 후 참가자들은 의자를 가져와 둥그렇게 둘러 앉아 〈나눔〉의 시간을 갖는다. 디렉터는 드라크마 역할을 한 참가자들에게 성경의 이야기를 '몸'으로 표현하며 느낀 소감이 어떠했는지 묻는다. 풍성한 말들이 쏟아져 나온다. 어떤 이는 교실 구석에 '몸'을 쭈그리고 드라크마가 되어보니 자세가 불편해서 몸이 힘들었다고 한다. 그래서 노인들의 소외된 심정과 연약한 몸이 떠올랐다고 한다. 다른 이는 드라크마가 되어보니 그동안 보이지 않던 자기의 모습을 상상할 수 있었다고 말한다. 어릴 적 아무도 알아주는 이 없이 왕따 당하던 기억이 떠올랐다고 한다. 청중으로 앉아 있던 이들도 말한다. 종전의 성경공부 방식에서는 성경이야기를 귀로만 들었는데 드라크마 연기자들의 모습을 지켜보면서 그들을 입체적인 이미지가 떠오르며 훨씬 더 잘 공감할 수 있었다고 한다. 어떤 이는 성경의 이야기 가운데 전에는 해보지 못한, 이야기의 배경이나 사물들에 대한 상상이 허용되어 이야기가 더욱 실제적으로 느껴졌다고 한다. 여기저기서, 성경을 행위로 '체현'(표현하고 체험)해 보니 성경이 아주 색다른 느낌으로 다가오고 자기 자신에게도 잘 연결된다고 소감을 나눈다.

우리 몸과 '놀이하는' 성경

비블리오드라마는 이처럼 '몸'으로 성경의 본문을 접하는 집단 프로그램이다. 성경을 '머리'로 분석하거나 해석하여 설득력 있게 '말'로 전하는 강론 혹은 설교와는 다른 방법을 취한다. 종전의 성경 해석은 해석자가 주체가 되고 주어진 성경본문을 대상으로 그 의미를 파헤쳐 전달하는 방법을 취하였다. 본문에 역사 혹은 문헌비평을 하며 본문을 분해하고 해석하여 텍스트 자체를 정확하게 이해하는 데 집중했다. 이러한 방식은 성경이란 나의 '머리' 작업을 만족시키기 위한 하나의 연구 대상이 될 뿐이었다.

하지만 비블리오드라마에서는 참가자들이 성경 안으로 뛰어 들어가 성경과 대화를 시도하게 한다. 성경에 자유로운 질문을 던지며 그 대답으로 성경이 참가자에게 드러내는 것이 무엇인지 체험한다. 즉, 내가 성경의 텍스트(대상)를 이해하는 것이 아니라 성경이 주체가 되어 나에게 전해주는 바를 경험하는 것이다. 그러기 위해서 참가자들은 온'몸으로' 성경의 이야기를 접한다. 신체활동을 통하여 성경 이야기를 재연하며 성경의 삶 안으로 직접 뛰어 들어간다. 이때 성경은 더 이상 '머리'로만 이해하는 대상이 아니라 참가자들의 삶에 무언가를 말해주는 주체로서 다가온다. 그러면 전달하고자 하는 그 의미가 드러난다. 그리고 참가자는 성경 본문 안에서 '몸'의 움직임을 통해 성경과 혼연일체가 되는 경험을 하게 된다. 참가자들은 성경 속 인물들의 마음의 거리, 감정 상태와 생각들을 직관적으로 느낀다. 또한, 그곳에 자기를 초대하여 깊은 대화로 이끄는 성경의 역동적인 힘을 경험한다.

그런데 이 작업은 성경이 스스로를 드러내는 작업에서 끝나지 않는다. 성경이야기의 의미 뿐만 아니라 종국에는 참가자의 '나'의 삶이 드러나는 경험도 하게 된다. 비블리오드라마를 하다 보면 본문 속 인물들의 삶에 참가자들의 삶이 연결되어 감정 정화가 일어나는가 하면 새로운 통찰이 올라온다. 더하여 삶에 필요한 새로운 역할을 소망하게 되며 이를 역할-연습을 통해 표현하여 세상을 직면할 용기도 얻을 수 있다. 삶의 중요한 타자들과 효율적인 의사소통을 연습하며 '성경적인' 삶을 살 수 있는 훈련의 경험을 할 수도 있다. 이러한 과정을 통해 많은 이들이 자신의 신앙과 영성이 한 층 더 고양되었다고 밝히기도 한다.

브라질 출신 현대 드라마치료자 중에 한 사람으로서 북 남미 많은 지역에서 비블리오드라마를 실시하여 큰 반향을 일으키고 있는 카발호(Esly R. Carvalho)는 비블리오드라마가 선사하는 주요 효과를 다음과 같이 정리한 바 있다. 그에 의하면 비블리오드라마는

1. 성경이야기를 체현하여 몸으로 기억하게 한다.
2. 참여자의 지금-현재의 삶을 드러내 공감하며 삶을 위해 필요한 치유를 선사한다.
3. 대인관계에 대한 통찰과 역할연습도 경험하게 한다.
4. 성경이 전하는 소명(a divine call)을 깊이 깨달아 실천할 수 있는 용기를 준다.
   (Esly R. Carvalho, 2002, p.9-10)

카발호가 말하는 첫 번째 효과는 몸에 각인되는 성경이야기에 관한 것이다. 비블리오드라마의 참여자가 성경의 이야기를 평소 설교나 강연을 통해 들을 때보다 성경에 직접 뛰어들어 행위로 체험할 때 더욱 인상 깊은 경험을 할 수 있음을 강조한다. 그렇다. 성경의 이야기를 몸으로 표현해 보면 성경이 입체적으로 다가오며 이야기가 새롭게 느껴진다. 이야기 속 인물들의 심정을 깊이 공감하며 그 이야기가 주는 신선한 충격을 오래 간직할 수 있다.

필자가 대학원 수업에서 실시한 비블리오드라마 〈에서의 집 저녁 식사 테이블〉(야곱이 아버지와 형을 속이고 집을 나간 날 저녁 식사 테이블)을 실행

했을 때 참여한 사람들의 소감을 듣는 시간이 있었다. 그중에 에서의 마음을 '몸'으로 느낀 참가자의 소감이 인상적이었다. 그는 야곱이 도망치고 가족들만 남아 저녁 식사를 하게 된 상황에서 저녁 식사 '밥맛'이 어떠했는지를 이렇게 밝히었다.

"같은 본문으로 여러 번 설교를 들었지만 야곱이 아버지와 형을 속이고 도망간 날 저녁식사 테이블에 앉게 된 남은 가족들의 상황을 한 번도 생각해 본 적이 없었다. 야곱이 늦은 밤 베델에 도착했을 무렵 집에 남아있는 가족들의 마음은 어땠을까? 밥이 목에 걸려 넘어가지 못했을 것이다. 장자권을 빼앗기고 축복의 기도도 받을 수 없었던 형 에서의 분노, 그리고 속임을 당하여 엉뚱한 아들에게 열렬히 기도해 주던 아버지의 미안 해하는 모습, 그리고 도망간 자식 편을 들어 이 모든 일의 책임이 큰어머니의 얼굴! 인물들의 상황과 마음, 그리고 '밥맛'까지 입체적으로 이해해 볼 수 있었다… 천편일률적인 설교들은 신선한 기대감을 주지 못하고 영혼의 잠을 깨우는데 부족한 것 같다. 같은 본문을 가지고도 (이렇게) 낯설지만 실제적인 삶의 현장을 볼 수 있다니… 성경이 우리 삶에 더 가깝게 느껴지는 현장이었다, 이런 것을 다루는 설교도 나왔으면 좋겠다고 생각했다. 성경을 통해 내가 보지 못했던 것을 볼 수 있었다. 평생 기억될 것 같다."(참가자 H)

둘째로, 카발호는 비블리오드라마는 참여자의 삶을 드러내고 공감하며 그 속에 필요한 치유의 경험을 하게 한다고 주장한다. 필자가 실시한 '에서 드라마'의 또 다른 참여자는 에서의 심정이 바로 자기의 심정이었다고 말했다. 성경을 활용한 드라마가 야곱만이 아닌 에서의 마음을 다루어 주는 것을 보면서 평소 에서처럼 느껴졌던 자기의 마음도 어루만져 주었다고 전했다. 성경은 이처럼 소위 '주인공'이라고 불리는 사람들만의 삶이 아니라 주변 사람들의 이야기도 다루어 주며, 이를 통해 성경을 읽는 다양한 사람들의 마음을 공감하며 치유한다.

"(에서가) 얼마나 분노와 배신으로 치를 떨었을까? 아버지, 어머니가 모두 너무 미워서 얼마나 힘들었을까?… 같은 성경을 읽어도 (전에는) 이 본문을 이토록 절절히 느껴본 적이 없었다. 드라마에서 에서가 되어 말로 인물의 심정을 표현하며 느껴보니 전에는 쉽게 넘어가던 성경의 구절들 하나하나가 마음에 의미심장하게 담기었다. 성경을, 그냥 문자가 아닌, 처음으로 감정을 가지고 읽을 수 있는 시간이 되었다. 에서가 되 보니 그의 감정이 나의 감정이 되었고, 그의 마음이 나의 마음이 되었다. 이제 에서는 더 이상 '남' 이 아니다. 내 '형제'고, 내 '이웃'이다. 에서의 마음을 다루어 줘서 고맙다. 나도 성경에 더 가까워지는 것 같은 느낌이다. 내가 성경에 나오는 것 같은… 하여튼 성경의 인물 누군가와 같다는 것이 신기하다."(참가자 S)

셋째로, 카발호는 비블리오드라마를 통해 참가자들이 자기성찰은 물론 대인관계의 통찰력을 얻는다고 주장한다. 사람들은 비블리오드라마를 통해 자기자신에 대하여 몰랐던 점을 발견하고 성찰하며 성경의 이야기가 개인의 성장(personal growth)을 돕는 큰 도구가 될 수 있음을 알게 된다. 또한 참가자들은 자기 내면세계는 물론 사회적 삶에서 일어나는 일들과 타인의 입장도 공감하게 된다고 한다. 비블리오드라마의 참가자들은 드라마에 등장하는 주인공 주변의 중요인물들의 심정도 깨달으며 평소 자기가 가졌던 시각에 한계를 인정하고 다른 사람을 공감하게 된다.

"나도 내 부모님의 자녀이고 이제는 한 아이의 부모가 되고 보니 리브가의 마음이 조금 이해되었다. 나는 어릴 때 많이 부족해서 부모님이 동생보다 나를 더 챙겨 주셨다. (부모님의 그런 챙김이) 동생을 안 사랑해서가 아니라 내가 더 불쌍해서 그러셨던 것이다. (부모는) 늘 부족한 자녀(야곱)에게 마음이 쓰이기 마련이다. 그런데, (비블리오드라마) 수업을 하면서 에서 입장에 선 학우들의 설명과 그 입장을 듣고 그들이 연기하는 것을 보니 그(에서의 안타까운) 입장도 이해가 되었다… 말씀을 이제는 다각적인 관점으로 바라봐야 하겠다는 생각이 들었다… 비블리오드라마를 통해 성경의 내용이 좀 더 사실적으로 이해가 되고, 타인을 이해할 수 있는 범위도 넓어지는 것 같다."(참가자 P)

마지막으로 카발호는 성경이 비블리오드라마를 통해 참여자들에게 성경이 말하고자 하는 바, 즉 하늘의 당부(a divine call)를 전달하는 유용한 도구라고 한다. 성경은 신앙인들에게 하늘의 뜻을 깨닫고 잘 실천할 수 있는 사람이 되라고 한다. 그런데 이러한 소명을 받아들이고 실천하기는 쉽지 않다. 현실을 직면할 용기와 방법을 모르기 때문이다. 하지만 비블리오드라마는 안전한 장소에서 성경이 제시하는 역할을 참가자에게 동기화하고 연습할 기회를 준다. 참여한 사람들의 마음이 열려 자신의 삶을 향한 하나님의 뜻과 바램을 깊이 깨닫고 이를 실행한 용기를 얻어 세상을 직면하게 되는 것이다.

"야곱과 에서의 모습을 통해 오늘 날의 무너진 가정의 모습을 생각해보게 되었다. 대화가 사라지고, 자기 힘과 생각대로만 살아가는 삶 속에는, 자기의 이해(생각)을 강요하는 방법으로 선을 행하도록 돕기 어렵다. 교회에서 말씀을 전하는 사역자나 리더들은 청중들이 현실에서 무엇이 필요한지를 좀 더 알았으면 좋겠다. 비블리오드라마는, 일방적이고 주입식으로 진행되는 종전의 신앙과 훈육이 아닌, 사랑과 이해의 표현으로 새로운 관계를 소망하게 하고 또한 현실에서 실천할 지혜를 함께 찾고 연습해서 보내주는 방법이 널리 퍼졌으면 좋겠다."(참가자 Y)

　비블리오드라마는 이처럼 참여자들에게 '몸'의 표현을 통해 성경의 이야기 속에 담긴 인간의 삶의 원형을 경험하게 하며 그 안에서 감정의 정화와 통찰, 그리고 현실을 직면하고 건강하게 대응할 수 있는 역할훈련의 유익도 준다. 집단원들은 성경의 이야기 안으로 자발적으로 들어가 본문의 속의 인물들(사물 포함)이 되어 그들의 역할을 직접 '몸'으로 표현하고 시연함으로써 이러한 역할 연기 속에서 성경이 드러내는 의미를 더욱 깊이 있게 깨닫고 이야기와 연결되는 자신의 삶에 대한 통찰을 하게 된다. 그리고 역할 교환을 통해 다른 사람들의 심정을 공감하는 상호주관적 이해력도 키운다. 뿐만 아니라 새로운 역할을 시도하는 연습은 참여자가 세상으로 돌아가 현실을 직면하고 세상을 향하여 자기를 건강하게 표현하고 배우는 용기를 얻게 한다.

<표 1> 비블리오드라마의 진행단계

비블리오드라마는 참여자들에게 성경의 이야기 속으로 들어가 성경인물들이 겪은 실제적 삶을 맛보며 그들이 내면세계와 외부현실 가운데서 경험하는 갈등을 하나님의 은혜로 어떻게 풀어 나갔는지 몸으로 재연(enactment 시연)하여 깨닫는 시간을 제공한다. 성경 안에서 재미있게 놀이의 방식으로 삶을 재연하며 성경의 이야기를 실제로 실천해 보는 능력을 배양한다.

그런데 이렇게 성경의 본문을 '몸'으로 재연하는 작업은 갑작스럽게 이루어질 수 없다. '몸'이 자발성을 가지고 주체적 움직임에 이르도록 이 작업에 참여한 온 집단이 응집력을 경험하며 하나의 이야기를 표현할 수 있도록 준비된 단계를 실행한다.

비블리오드라마는 보통 2~3시간 정도의 시간을 통해 참여자들은 공동체의 움직임에 자연스럽게 참여하며 자발적으로 조성되는 소그룹 속에서 성경을 토의하고 성경인물 역할을 표현한다. 역할극을 통해 의사소통 훈련은 물론 실제 삶에서의 적용을 위한 새 역할도 시험하며 개선 훈련을 하게 한다. 이를 통해 참여자 전체는 하나의 집단을 이루어 활동하며 감정이 정화되고 스트레스가 해소되며 인간관계의 갈등을 풀어가는 기회도 얻는다.전통적인 인지적 강의나 일방적 교육의 방법을 사용하지 않으며 참여자가 자발적으로 상호교류 하며 참여하는 레크레이션과 토의 그리고 액션(행위) 메소드를 주로 하는 창의적 집단훈련이라 할 수 있다. 현대 드라마치료와 평행선적 진행 순서를 맞춘 비블리오드라마의 진행 순서는 아래와 같다.

(1) 신체 웜업 (Warm-Up): 참가자들의 흥미를 돋우는 즐거운 신체활동 및 레크레이션 등의 활동을 통해 경직된 몸과 마음을 풀어주고 자연스럽게 신체 감각/지각 활동을 활성화한다.

(2) 관계성측정 (Sociometry): 대인관계에 흐르는 사회/관계성을 측정하는 기법에 따라 집단 활동을 하여 집단의 관계성 향상을 위한 개선점들을 소그룹 활동을 통해 증진시키며 참가자 들로 하여금 감수성을 키워 서로를 이해하고 집단 안에서도 응집력을 보이는 〈상호주관적 나눔〉의 단계이다.[7]

(3) 드라마 체현 (Enactment): 성경 본문을 신체활동을 통한 역할극으로 표현함으로써 성경을 '몸'으로 경험하는 입체적 이해(육화되는 말씀)가 가능하게 한다. 이 때 참가자들은 교회의 전통과 교리적 가르침에 얽매이지 않고 본문이 주는 직관적인 느낌에 따라 상황을 설정한다. 자발적으로 선정된 배역과 플롯을 몸동작으로 표현한다. 결국 본문의 말씀이 참여자들의 삶과 만나는 울림으로 다가온다. (주로 사용하는 성경이야기들의 예): 아담과 하와, 아브라함과 아들, 야곱의 인생, 요셉의 용서, 마르다와 마리아, 집을 떠나는 제자들, 사마리아 여인, 혈루증 여인, 수로보니게 여인 등

(4) 나눔 (Sharing): 비블리오드라마 활동에 참여한 소감과 성경 및 삶에 대하여 새롭게 느끼고 깨달은 바를 나눈다. 성경과 삶이 주는 의미의 본질을 규명하는 '반성'(reflection)의 시간을 갖는 동시에 삶에 새롭게 적용할 역할이 동기화된다. 필요에 따라 동기화된 역할을 몸으로 표현하는 역할연습을 더 하기도 한다. 체험의 소감을 나눔으로 모두가 성장을 경험하며 집단 프로그램을 종결한다.

왕따 되어온 '몸'

역사 이래로 기독공동체는 '몸'의 사용을 주저해왔다. 왜 일까? 왜 '머리'로만 성경의 이야기를 분석하고 해석하도록 강조해왔을까? 기독공동체는 보편적으로 몸이 우리를 진리로부터 멀어지게 하는 요소로 가르치며 성경의 뜻을 규명하는 일도 몸의 영향을 벗어난 작업이 될 것을 강조해왔다. 이러한 성경 해석에 영향을 준 주요 철학의 흐름을 짚어볼 필요가 있다. 철학은 모든 시대의 담론을 형성하는 기반이 되어 왔는데 성경을 보는 시각에서도 그 역할이 작용했음을 우리는 부인할 수 없다.

몸을 소외시켜라! (Plato: 이데아 vs 미메시스)

영혼과 몸을 구별하는 이원론의 기원은 역시 고대 그리스 철학으로 거슬러 올라간다. 그리고 그 대표적인 철학자가 플라톤임을 우리는 잘 안다. 플라톤은 도덕과 정신의 세계가 물질과 육신의 세계보다 더 우위에 있음을 강조하며 정신과 물질을 구분하는 이분법적 세계관을 주장한 장본이다.[8] 그는 이 세상에서 우리가 감각으로 접하는 물질세계는 영원하지 않으며 결국엔 사라지고 말 것으로 보았고 따라서 실재적(real)이지 않고 신뢰할 수 없다고 하였다. 그리고 그는 이데아의 세계를 말하며 그 곳에서 세상의 만물과 인간의 삶의 '본질'을 발견할 수 있고 존재의 실재를 찾을 수 있다고 주장하였다.[9]

플라톤의 이러한 이원론적 사상이 형성된 배경에는 그의 스승 소크라테스의 영향이 컸다. 당시 그리스 사회에서는 상업적인 가치관과 상대주의적 진리관이 만연하였는데 소크라테스는 이런 사고에 반기를 들며 인간 삶에 있어서 보편적인 가치와 본질의 중요성을 강조한 것이다. 당시 소피스트들은 귀족층의 자제들이 출세할 수 있도록 세상의 기존 질서에 '지혜롭게' 대처하며 세상의 법을 잘 이용하는 방법, 권좌에 앉아있는 사람들과 갈등을 피하는 법 등을 '지혜'로 가르치고 있었다. 소크라테스는 이러한 세태 속에서 철학은 이미 처세술과 상업적인 목적을 달성하는 도구로 전락하였고 윤리의 기준 역시 상황에 따라 변할 수 있는 상대적인 가치관에 불과하게 되었다고 통탄하였다.[10] 소크라테스는 철학이 개별적인 사회구성원의 필요와 욕구에 맞춘, 자기이익(self-interest)을 위해 봉사하는 학문이 되어서는 안 되며 보편적인 진리에 가치를 둔 학문으로 거듭날 것을 강조하였다.

플라톤은 이런 소크라테스의 개혁적인 사상에 탄복하여 그의 수하에 들어갔다. 특별히 소크라테스의 절대주의적 진리관과 윤리의식에 대한 관점이 그를 매료시켰다. 즉 진리란 개별적인 것이 아닌 보편적인 특질을 갖는 것이며 윤리 역시 옳고 그름이 상대적으로 변하는 가변적인 것이 아닌 절대적인 원칙 아래 세워져야 한다는 스승의 가르침에 크게 동의했다. 또한 인간 사회의 변화는 인간 본성의 본질적인 변화를 통해서만 가능한 것이기에 자연과 같은 외부적인 환경보다는 인간 내면에 관심을 가져야 한다는 스승의 주장도 따랐다. 그의 스승 소크라테스는 결국 소피스트 등의 큰 공격을 받아 죽음을 맞이하지만 그 죽음이 플라톤에게 절대적 진리를 사수하는 철학자의 모습으로 남아 큰 인상을 남기었다.[11] 보편적인 진리와 절대적 윤리를 따르는 인간이 갖춘 '덕'(virtue)의 아름다움을 스승에게서 본 것이다. 그리고 스승과는 대조적으로 눈앞의 이익에 따라 진리를 왜곡시키는 소피스트들이 가득한 세상의 모습은 저급한 것이었다. 영원하지 못한, 결국 사라질 일시적인 물질에 빠져 숭고한 정신세계를 더럽히는, 세상에 속한 이들은 이렇게 덕스럽지 못하고 부끄러운 자들로 여겨졌다. 플라톤에게 이 세상은 이렇게 본질을 찾지 못하는, 비실재에 속한 어리석은 자들이 가득한 곳으로 확인된 것이다.

그래서 그는 '이데아'의 세계를 강조했다. '이데아'야 말로 모든 존재의 변하지 않는 본질을 담고 있는 곳이며 인간 존재를 위한 영혼이 머물고 실재하는 곳으로 여겨졌다. 그는 이데아에 보편적인 '형상'(Form, 혹은 '원형')이 있다고 보았는데 '형상'이란 만물의 본질을 담고 있는 실재를 말한다. 이와 반대로 우리가 살고 있는 이 가시적 세상은 본질적이지 못하다. 이 세상에 가득한 개별적인 대상은 보편적인 형상(form)이 아닌 형상을 '모방'(imitation)한 미메시스(mimesis)일 뿐이다. 예를 들어, 우리가 동물원에서 보는 개별적인 '기린'은 보편적 형상으로서 '기린'이 아니라 기린의 원형에 대한 모방에 불과하다. 우리의 시각으로 보는 장대 같은 다리만큼 목이 길고 풀을 먹는 이 초식동물은 이데아의 세계에 이미 보편적 형상으로 실재하는 '기린'이라는 본질(형상)을 모방한 대상일 뿐이다. 이 세상에서 우리가 인식하는 대상들은 단지 개별적인 것이며 그 자체로는 보편성을 갖고 있지 않기에 비본질적이고 따라서 실재로 여길 수 없다고 보았다. 그리고 그것(비본질적인 개별자)을 바라보는 우리 육체의 감각 역시 본질을 흐리게 하는 것이다. 오직 '이데아'에 있는 보편적 원형으로서의 '기린'을 알아야 기린이란 존재의 참된 의미를 알 수 있다. 그래서 이데아를 통해서만 본질을 추구하라고 플라톤은 강조하였다. 결국, 플라톤의 사상은 육신과 물질의 세계가 이데아의 세계에 비하여 저급하며 무시할 만한 대상으로 소개되는 결과를 낳았다.(Robinson & Grovesm p.13, 162-163)

플라톤의 이러한 이데아 개념은 기독교회에도 초기부터 크게 영향을 주어 영혼을 이데아로 동일시하고 지금-여기의 이 세상을 저급하고 비본질적인 세계로 보는 세계관을 심어주었다. 영혼의 세계는 이데아처럼 변하지 않는 본질, 곧 불멸하는 영혼이 머무는 곳이고 물질의 세계인 이 땅은 변화무쌍하고 불완전하여 영원하지 못하며 결국 사라져 없어질 허망한 곳으로 설명되었다.

이러한 이원론적 세계관으로 볼 때 우리의 신체는 역시 신뢰할 만한 것이 되지 못한다. 플라톤은 육신의 감각으로 보는 세상의 대상들이란 동굴에 비친 세상의 그림자처럼 왜곡된 것이라고 했다. 동굴 안으로 영혼의 빛이 비춰지더라도 움직이는 물체의 투영은 우리의 감각으로는 그 실체를 알 수 없다. 우리가 보는 것은 실체가 아닌 그림자이기 때문이다. 비실재적이고 왜곡된 대상일 뿐이다. 우리의 '몸'은 이렇듯 왜곡된 것을 보고 있으며 자체가 혼란을 겪으며 오해하고 미혹되어 결국 사라지고 마는 불완전하고 저급한 것이다. 플라톤은 우리 삶에서 이러한 몸의 영향력을 줄이고 소외시켜야 오히려 본질에 가까이 갈 길이 열린다고 보았다. 한마디로 말해, 몸을 왕따 시켜야 영혼이 건강해질 수 있으며 온전한 이데아에 이를 수 있다고 가르쳤다.

몸을 저급한 것으로 여기는 플라톤의 철학은 내세를 중시하는 기독교에 영향을 주어 중세기에 이르러 '몸'을 학대하는 일을 감행하기도 했다. 중세시대에 광기를 잡겠다고 사람들을 악마의 화신으로 정죄하고 화형에 처하는 일이 빈번했던 것을 우리는 잘 알고 있다. 근대시대에 이르도록 인류는 저급하고 더러운 몸에 갇힌 잘못된 영혼을 쫓아내기 위하여 정신질환자의 몸을 때리는 구마 행위를 자행하기도 했다. 정신을 본질적인 것으로 정화하기 위해서는 육체를 무시하고 희생시키거나 학대하는 일에 참여하는 일에 기독교도 예외는 아니었다.

그래도 몸은 가능태인데? (Aristoteles: 질료형상설)

플라톤의 이원론에 대항하여 아리스토텔레스는 영혼과 몸을 구분하는 일을 거부한다. 이데아에 본질이 있을지라도 그것은 이 세상에서 그것을 비추고 재연해 주는 미메시스를 주의 깊게 살펴봄으로써 발견되고 도달할 수 있다고 보았다. 현실태와 가능태가 그 관계이다. 현실태(現實態, energeia; actuality)가 존재의 본질 혹은 실체를 의미한다면 그것은 오직 가능태(可能態, dynamis; potentiality)를 통해서만 도달할 수 있는 것이다. 예를 들어 나무라는 현실태의 가능태는 씨앗이다. 씨앗 없이 나무가 이루어질 수 없기 때문이다. 따라서 아리스토텔레스는 이데아를 알려면 가능태인 물질의 세계를 무시하지 말아야 하며 정신 혹은 영혼을 깨닫기 위하여 몸이 보여주는 것들을 먼저 알아야 한다고 주장했다.

더하여 아리스토텔레스는 물질의 세계가 진리를 발견해 가는 과정에서 오히려 그 시작점이 되어야 한다고 가르쳤다. 그는 이 과정을 설명하기 위하여 형상(form)과 질료(matter)를 말했는데, 형상이 존재의 목적이라면 질료는 모든 존재로 하여금 목적('형상')을 향하여 움직이게 하는 가장 기본적인 요소들을 말한다. 따라서 '형상'이 아무리 중요하다 할지라도 가능태인 '질료'에 의해서 시작하여 실현될 수 있다. 그리고 형상과 질료는 서로를 인정하지 않고서는 세상의 진리를 알 수 없다. 이 세상의 모든 존재는 이처럼 질료와 형상이 한데 어우러져 이루어진 '하나의 실체'이기 때문이라고 보았다. 이것이 바로 아리스토텔레스의 일원론적 주장, '질료형상설'이었다.[12] 이러한 아리스토텔레스의 사상에 따르게 되면 몸은 정신에 비하여 결코 저급하지 않다. 몸을 차별하는 일이 오히려 어리석은 일이 된다. 몸 이야말로 정신을 온전히 이해하기 위하여 결코 무시할 수 없는 가능태이며 모든 존재를 이해하기 위한 처음으로 다루어야 할 대상이다.[13]

앞서 플라톤의 이원론이 초기 기독교회의 가르침에 영향을 주었다면 아리스토텔레스의 질료형상설은 중세기 특별히 13세기에 이르러 Thomas Aquinas(1225-1274)를 통하여 기독교회에 큰 영향을 준다. 토마스 아퀴나스는 아리스토텔레스의 목적론적 시각을 기반으로 '신'을 온 우주 만물의 최고 목적이자 동시에 제1원인으로 소개하였다. 그리고 인간의 이성은 이러한 만유의 주재, 제1원인에 도달하기 위한 목적에 지금-여기서 활용할 수 있는 가장 큰 도구라고 주장했다. 신앙과 이성의 조화, 합리적 이성으로 신앙을 이해하는 논리의 작업을 한 것이다.[14]

그런데도 만일 아리스토텔레스가 살아서 중세기에 토마스 아퀴나스를 만났다면 그에게 대노했을 것으로 보인다. 왜냐하면 아퀴나스 역시 제1원인을 목적으로 중요하게 여기다 보니 자연세계를 저급한 것으로 여겼고 지상의 존재보다는 내세의 존재에 더 중점을 두고 가르쳤기 때문이다. 그는 자연을 소외시키지 않고 물질을 가능태로 제안한 아리스토텔레스와 입장을 달리했다. 자연(물질)을 벗어난 세계에서 본질을 찾아 존재의 목적에 도달할 것을 주장했다.[15] 결국 몸과 영혼은 이렇게 계속 구분되었고 몸은 영혼에 비하여 저급한 것으로 여기는 플라톤적 이원론은 서구 사상에 강력한 기반으로 영향력을 유지하였다.

'몸'(존재)을 끝까지 의심하라! (데카르트: 심신이원론)

René Descartes(15961650)는 '코기토'라고 불리는 명제 "나는 생각한다. 그러므로 존재한다"(cogito ergo sim)를 통해 근대 철학에 관념론의 전통을 고수하고 과학을 위한 '학문하는 방법'을 정초한 학자라 할 수 있다. 그는 아리스토텔레스의 질료와 형상이 이루어 내는 하나된 실체를 부인하고 정신의 영역과 기타 물질세계를 철저히 구분하는 이원론의 논리를 다시 세웠다. 정신만이 실체가 될 수 있다고 주장한 것이다. 그래서 그는 1637년 발간한 [방법서설] (Discourse on the Methods)에서 '코기토'를 서술하며 '방법적 회의'(methodological doubt)를 주장한다. 방법적 회의란 세상에 있는 모든 것은 의심스러운 것이며 명증적인 것은 오직 '생각하는 나'(자아)뿐이기에 '나' 외의 다른 모든 것을 의심하라는 것이다. '나'의 생각 기능은 몸의 지각을 넘어서는 위대한 것으로서 정신영역의 반성(reflection)이 이루어질 때 진리가 명확 해진다고 보았다. 즉, 우리의 존재는 '생각'의 위대함을 가지고 있기에 '생각'에서 생각으로 이어갈 때 우리의 존재는 더욱 명확 해진다고 본 것이다. 이렇게 되면 스스로 '생각할 수 없는' 물질은 반성할 수 없는 것이니 정신보다 저급함은 물론 그 실체마저 신뢰할 수 없는 범주가 된다. 그래서 오직 의심의 대상이 될 뿐이다.

데카르트는 왜 그토록 정신과 물질을 구별하는 이원론을 강력하게 주장한 것일까? 우리는 그의 사상이 중세에서 근대로 넘어가는 시대적 상황 가운데서 급격하게 맞이한 혼란과 불확실성, 즉 모든 것을 '회의'할 수밖에 없던 상황에서 비롯되었던 것임을 이해할 수 있다. 당시 서양사회는 항해술의 발전과 더불어 종전에는 쉽게 접할 수 없던 지역을 왕래하면서 새로운 문화와 지식을 받아들이게 되었는데 이로 인해 기존 지식체계의 권위는 흔들리고 혼란스러웠다. 특별히 아랍세계를 통하여, 그동안 고대 그리스의 사상 가운데 잘 알려지지 않았던 아리스토텔레스의 자연철학이 유입되면서 유럽에 플라톤식 절대주의적 가치관이 흔들리고 상대주의적 가치관이 되살아나는 듯한 분위기가 감돌았다. 이처럼 다변화하는 상황 속에서 데카르트는 과학을 학문하는 방법을 바르게 세울 필요성을 느꼈고 그것도 수학처럼 명증적인 진리관으로 세워져야 한다고 믿었던 것이다.[16]

그는 또한 아리스토텔레스의 사상에서 비롯되는 자연철학적 태도에도 동의할 수 없었다. 세상의 개별적 경험과 관찰을 활용한 추론으로 얻어지는 지식은 수학공식처럼 명증적이 될 수 없으므로 합리성을 확보하기 위해서는 '방법적 회의'(methodological doubt)의 작업을 거쳐야 한다고 보았다. 그래서 모든 것에 엄격한 '의심'의 작업을 실행하여 명증성에 방해되는 모든 불순물을 제거하라고 주문했다. 그리고 cogito ergo sum 즉 "나는 생각한다. 고로 존재한다."라는 명제를 세상에 내놓았다. 즉, 진리를 찾기 위해서는 모든 것을 의심하며 사유하라는 것이었다. 그리고 이 사유의 위대한 작업을 행할 때 사유의 주체로서 '나'는 결코 의심할 여지가 없는 존재라고 여기는 '유아론'(solipsism)을 주장했다.[17]

이러한 데카르트의 이원론은 플라톤의 이원론 (물질과 본질의 분리 그리고 물질은 본질을 모방하고 있다는 견해) 보다 한층 더 '몸'을 소외시키는 이론이 되었다. 이제 정신과 몸은 질적으로 완전히 다른 두 차원으로 분류되는 실체들이 되기 때문이다. 몸은 세상의 다른 모든 것처럼 의심의 대상이며 오직 신뢰할 만한 것은 사유의 기능을 하는 정신의 영역 뿐이다. 정신의 숭고함과 절대성을 위해 육체를 학대하고 소외시키는 태도는 당연시된다. 정신의 탈육체화가 강조된 것이다. 그 결과 '몸'에 대한 '왕따'는 더욱 가속화될 수밖에 없었다. 물론 이러한 데카르트의 이원론은 오늘날 크게 비판을 받는다. 특히 정신의 탈육체화를 주장하며 합리적 사고의 기능만을 존재의 기반으로 여기는 논리는 받아들이기 쉽지 않다. 존재의 기반이 물질세계 없이도 가능하다는 논리가 세워질 수도 있기 때문이다. 의학자로서 인간의 뇌 기능을 연구하는 A.R. Damasio(2017)는 데카르트의 오류를 지적하며 '탈육체화'의 논리를 다음과 같이 비판한다.

데카르트의 오류는 이런 것이다. 즉, 육체와 정신 (크기가 있으며 규모를 잴 수 있고 무의식적으로 작동되며 무한히 나눔이 가능한 육체와 이와는 달리 크기를 잴 수 없고 규모를 측정할 수 없으며 밀고 당길 수 없고 나눌 수 없는 정신) 사이에 바닷속 심연 같은 분리가 있다는 것은 오류다. 추론과 도덕적 판단, 그리고 육체적 통증이나 감정적 격랑에서 오는 고통 등이 육체와는 분리되어 존재한다고 말한 것도 오류다. 특히 가장 정교한 마음 작용이 생물학적 유기체의 조직 및 작용과 분리되어 있다는 생각도 오류다.(A. R. Damasio, 2017, p. 363-364)

다마시오는 데카르트가 '탈육체화'의 존재를 컴퓨터에 대한 소프트웨어와도 같이 이해했다고 한다. 컴퓨터의 소프트웨어는 어느 특정 하드웨어와 직접 연결될 필요는 없다. 그 자체 만으로 가치가 충분하다. 이 하드웨어에서 저 하드웨어로 갈아타도 소프트웨어는 건재하며 어디서든 하드웨어를 작동시킬 수 있다는 식이다. 하지만 이런 식으로 인간을 이해하려 한다면 오산이라는 것이다. 과연 인간 존재가 정신 안에서 이루어지는 사고 활동만으로 구성될 수 있는가? 그리고 정신세계가 육체와 완전히 무관하게 건재할 수 있을까? 다마시오는 주장하기를 데카르트가 말하는 대로 정신은 육체를 떠나서 이미 존재하며 육체에 앞서는 것이기에 육체의 작용은 오히려 정신을 혼란케 한다는 견해가 옳다면 오늘날 인간의 뇌(육체)에 대한 연구는 중단해야 하며 신경생물학, 신경해부학, 신경생리학, 신경생화학 등의 지식도 아무 소용없는 것이 된다고 한다. 다마시오는 정신과 육체는 오히려 연결된 것임을 주장한다.

어쨌든 데카르트의 '탈육체화'는 결국 인간 존재에 있어서 신체로부터 기원 되는 정신작용들을 무시하는 입장이었다. 정신작용은 철저히 '머리'에 의한 사고의 작용으로 대표되며 감정이나 직관, 감각과 지각과 같은 작용들을 저급한 것으로 여기고 무시하는 영향을 주기도 하였다. 인간 존재를 이해함에 있어서 비신체적 사고를 강요하고 몸과 머리의 통합적 작용을 무시하는 결과를 낳게 하였다.[18]

안타깝게도 근대의 기독교 신학은 데카르트의 방식처럼 성경해석의 명증성을 찾는데 있어서 '논리와 사고'를 중시하는 일에 집중하게 되었다. 데카르트가 인간의 사유를 존재의 기반으로 여긴 것처럼 성경의 진리를 확증하는 작업은 관념론적인 작업이 전부인 것처럼 여기기도 했다.(윤형철. 2020. 28-30, 유정모, 2022, 263-264) 이러한 사유와 관념론적 방법으로만 성경의 이야기를 접하고 그 의미를 이해하려 한다면 성경연구에 있어서 인간의 '몸'이 경험하는 실제적 삶의 현장은 언급할 필요가 없어진다. 독자가 경험하는 역사와 문화 그리고 상황은 그리 중요한 자원이 되지 못한다.[19] 오직 교리와 전통을 논리 정연하게 정리하기 위하여 '머리'로만 하는 관념론의 작업만이 중요 해진다. 이것은 데카르트의 오류를 간직한데서 온 기독교회의 오류이기도 했다.

성경이 말하는 '몸'

앞 장에서 언급한 대로 서양 철학사 가운데 몸과 정신을 구별하는 이원론의 영향력은 지대했다. 이 영향 아래 기독교계에도 정신의 우월성을 강조하면서 동시에 몸의 가치를 저급하게 여기는 경향이 생긴 것 또한 사실이다. 이러한 사고는 결국 성경의 해석에 큰 영향을 주었다. 성경을 영혼 구원과 정신적 수양만을 위한 책으로 여기는 경우가 생겼고 성경이 가진 전인적인 구원에 대한 메시지는 퇴색하기도 했다. 그렇다면 정작 성경은 '몸'에 대하여 어떻게 말하고 있을까? 과연 성경 역시 인간의 '몸'을 정신에 비하여 저급한 것으로 여기고 무시할만한 구성요소로 가르치고 있을까? '몸'의 활동으로 성경에 접근하기 위하여 우리는 성경이 말하는 '몸'에 대한 시각을 바로 이해할 필요가 있다.

창조의 절정: 인간의 '몸'

성경은 분명히 그 서두에서 이 세상 모든 만물이 하나님의 창조 작품임을 선포한다. "태초에 하나님이 천지를 창조하셨다."(창세기1:1, 새번역) 그리고 모든 창조물들에 대하여 창조주 하나님이 스스로 '좋게' 평가했음을 기술한다. "하나님이 손수 만드신 모든 것을 보시니, 보시기에 참 좋았다."(창1:31, 새번역) 여기서 '좋았다'라는 말은 유대-기독교의 신학에서 '선하다', '온전하다' 혹은 '흠이 없다'라는 뜻으로 전달된다. 즉, 하나님이 만든 것은 그 안에 나쁜 것이 없으며 모두 선하고 훌륭한 작품이라는 것이다. 창조기사 곳곳에서 이를 강조한다.(창세기 1장, 예레미야 10:12) 성경이 말하는 '몸'이란 이렇듯 하나님의 선한 창조, 그 증거를 의미한다.

그런데 왜 기독교회는 하나님의 창조물 중에 유독 '육'에 대하여 관대하지 못하고 오히려 '악'한 것으로 해석하는 경향을 갖게 되었을까? 성경의 본래 의도와는 달리 기독교회가 고대 그리스 철학, 특히 플라톤 이후 등장한 이원론적 세계관에 큰 영향을 받아 그러한 견해를 갖게 되었음을 부인할 수 없다. BC 4세기부터 지중해 지역은 물론 멀리 인도까지 영향을 미친 헬레니즘은 신약성경이 형성되던 시기에 세상을 이해하는 철학적 기반이었다. 특별히 신약성경이 형성되던 시기에 영혼에 비하여 육신을 악하고 저급한 것으로 여기는 영지주의의 영향이 컸음을 무시할 수 없다.(S. A. Hoeller, 2006, p. 25-39).

신약성경에서 가장 많은 책을 썼다고 알려진 사도 바울 역시 로마제국을 향하여 기독교 복음을 전하며 포교의 활동을 할 때에 당시 헬라 철학에 입각한 세계관을 도구로 삼아 전도하였음을 우리는 잘 안다. 이런 연고로 신약성경이 자칫 '육'을 '영'의 세계로부터 구별하고 열등한 요소로 보는 듯한 인상을 주는 것이 사실이다.

하지만 신약성경 안의 사도 바울의 글들을 자세히 살펴보면 그가 헬라 세계가 갖고 있는 이원론의 사상을 그대로 옮기고 있지 않음을 알게 된다. 그가 헬라 지역에 전도할 때 영과 육을 구분하는 말을 사용한 것은 사실이지만 당시 영지주의자들처럼 하나님의 작품으로서 창조된 세계를 모두 영과 육으로 분리하고 육신을 모두 죄악시하지 않았다. 그에게 하나님의 구원은 영혼만을 위한 것이 아니며 육에도 관한 것이었다.(고린도전서 6:19) 바울은 다만, 성령의 법을 따르지 않는 사람들의 '육신'을 가리켜 세상의 '음란'을 따르는 존재라고 경고한다.(고린도전서 6장) 그리고 여기서 말하는 '음란'한 '육신'이란 하나님의 창조물 생명체로서 몸(인간 존재)을 의미하는 것이 아니라 죄악에 지배 받는 상태로서의 몸을 의미한다.[20] 즉, 그가 '몸'이란 단어를 사용할 때 의미한 내용을 더욱 세밀히 살필 필요가 있다.

사실, 사도 바울의 서신을 포함한 신약성경에서 '몸'을 표현할 때 두 가지 다른 개념의 단어들이 사용된다. 첫째는 '소마'(σῶμα)로서의 몸인데 이 몸은 인간을 전인적으로 표현할 때 사용하는 용어이다. 둘째는 '사르크스'(σάρξ)로서의 몸으로 죄의 지배를 받는 육신, 즉 죄로 인한 타락으로 '오염된' 몸을 말한다.(김광연, p.52) '소마'는 하나님이 창조한 원형으로서 인간 존재를 의미하며, '사르크스'는 죄로 인하여 훼손된 존재의 몸이다. 사도 바울은 '사르크스'의 개념을 사용하여 타락한 존재로서 인간의 육신(사르크스)을 경계하였고 성령에 속한 사람의 몸을 말할 때는 '소마' 곧 전인적인 인간 존재를 의미하였다. 로마서 8:5-6이 그 대표적인 예이다.

> 육신을 따라 사는 사람은 육신에 속한 것을 생각하나, 성령을 따라 사는 사람은 성령에 속한 것을 생각합니다. 육신에 속한 생각은 죽음입니다. 그러나 성령에 속한 생각은 생명과 평화입니다.(롬 8:5-6, 새번역)

사도 바울은 영지주의자들처럼 '육신'을 악하고 저급한 것으로 보지 않았다. 오히려 우리의 '몸'이 하나님의 창조의 원형으로서 소중한 가치를 지닌 '소마'이기에 그 상태로 회복되어야 할 것을 주장하였다. 사도 바울 뿐만 아니라 신약성경의 저자들 모두 당시의 이원론적 우주관에 바탕을 둔 영지주의

로부터 기독 신앙공동체 교회를 보호하기 위하여 '몸'을 '소마'(전인적 존재)로 표현하며 사르크스와 구별하여 사용한 것을 알 수 있다.

이처럼 신약성경에서 사용된 '몸'(소마)에 대한 단어들을 살피어 그 문맥을 살펴보면 '몸'이 무엇을 의미하는지 더욱 분명히 알게 된다. 신약의 '몸'은 구약과 마찬가지로 복음서에서도 악한 것으로 간주되지 않는다.(오사랑, 2021, p.154-155) '몸'은 인간을 구성하는 요소로서 영과 연결된 인간의 삶과 존재를 의미하기 때문이다. 인간은 영과 육이 모두 포함된 존재이며 영과 육은 서로 교차적으로 존재하는 구성을 통해 인간 존재의 통합을 이룬다. 따라서 신약성경이 모든 육신을 악하다고 주장하고 있는 것은 아니다.

'소마'로서의 인간 존재

그렇다면 신약성서가 형성되던 당대 그리스-로마시대에 통용되던 '몸'(소마)의 개념을 이해하기 위하여 신약성경에 사용된 예를 더 깊이 있게 살펴볼 필요가 있다. 우리가 몸을 이해하는 데 있어서 하나님의 창조로 주어진 '존재'로서의 '소마'는 성경이 말하는 인간 존재의 특성을 명확히 드러내 보여줄 수 있기 때문이다. 특별히 복음서에서 그리스도가 언급한 어록 속의 '소마'가 담고 있는 의미를 살펴보자. 기독교적 관점에서 의학이 '몸'을 연구한 오사랑(2021)의 연구가 여기에 시사하는 바가 크다. 오사랑은 의사 누가가 누가복음에 사용한 단어 '소마'를 연구하며 '몸'에 대한 그리스도의 입장이 몸과 영혼에 대한 일원론적 시각을 보인다고 주장한다. 그가 제시한 그리스도의 어록 가운데 '소마'를 담고 있는 세 개의 성경구절(p.148-152)을 살피며 '몸'에 대한 성경의 의미를 정초해보자. 성경은 '소마'를 가리켜 다음과 같이 말하고 있다.

(1) "몸(소마)은 구원의 진위를 판단할 수 있는 영역이다" [누가11:34-36, 새번역]
34 네 눈은 몸의 등불이다. 네 눈이 성하면, 네 온 몸도 밝을 것이요, 네 눈이 성하지 못하면, 네 몸
도 어두울 것이다. 35 그러므로 네 속에 있는 빛이 어둡지 않은지 살펴보아라. 36 네 온 몸이 밝아
서 어두운 부분이 하나도 없으면, 마치 등불이 그 빛으로 너를 환하게 비출 때와 같이, 네 몸은 온
전히 밝을 것이다." (오사랑은 이 구절이 성경이 몸을 통해 구원의 유무를 드러낸다고 본다. 그리
스도가 몸은 원래 '밝은 빛'을 발하는 것인데 빛이 어두워질 때 '몸도 어두울 것'이라고 말한 구절
에 초점을 맞추어 몸이야 말로 구원의 빛의 유무를 드러내는 소중한 요소임을 말했다고 주장한다)

그렇다. 이 구절에서 그리스도는 인간의 '몸'(소마)이 영의 지식, 곧 구원
을 담는 우리 전존재를 의미하며 구원의 진위가 드러나는 판단 영역이 된다
는 메시지를 전한다. '몸'이 밝아지는 상태의 유무를 통해 구원에 이른 우리
모습을 진단해 볼 수 있다는 것이다.("온 몸이 밝아서 어두운 부분이 하나도
없으면… 네 몸은 온전히 밝을 것이다.") 이는 영지주의가 그리스 철학의 이
원론적 영향을 받아 구원의 대상에서 '몸'을 소외시키고 영혼만을 중요한 구
원의 대상으로 여기는 것과 상이하게 다른 가르침이다. 따라서 이 구절은 영
혼의 상태만으로 구원의 유무를 판단한 것은 옳지 못함을 증언한다. 신약성
경은 이렇게 '몸'을 통해 우리 전존재가 구원의 대상이 됨을 표현하고 있다.

(2) "몸은 하나님이 돌보시는 인간 존재의 영역이다" [누가12:22-23, 새번역]
22 예수께서 [자기의] 제자들에게 말씀하셨다. "그러므로 내가 너희에게 말한다. 목숨을 부지하
려고 '무엇을 먹을까' 하고 걱정하지 말고, 몸을 보호하려고 '무엇을 입을까' 하고 걱정하지 말아
라. 23 목숨은 음식보다 더 소중하고, 몸은 옷보다 더 소중하다. 24… 하나님께서 먹여 주신다…
(오사랑은 그리스도가 인간의 '몸'을 귀중하게 여기며 '몸'이 필요한 것을 공급하고 생존하도록
돌보시는 하나님을 증거했다고 전한다. 또한 여기서 그리스도는 '몸'을 '목숨'(생명)과 평행을 이
루게 하여 몸이 인간의 생명, 존재 자체를 의미했다고 주장한다)

그렇다. 먹을 것, 입을 것은 인간의 생존을 위해 필수 불가결한 것이기에 우리는 그것을 걱정하며 산다. 하지만 그리스도는 우리 몸(소마)이 그것(생존의 문제)만큼 아니 그 이상으로 더 중요하다고 언급하며 '몸'을 소중히 여기라 한다. 성경이 그리스도의 가르침을 통해 몸의 가치를 소중한 것으로 표현하고 있다는 말이다. 몸은 저급한 것이 아니며 무시할 수 있는 요소가 아님을 보인 것이다.

(3) "몸은 인간 존재에게 생명을 의미한다"[누가12:4, 새번역]
"내 친구인 너희에게 내가 말한다. 육신은 죽여도 그 다음에는 그 이상 아무것도 할 수 없는 자들을 두려워하지 말아라." (오사랑은 이러한 누가복음의 '육'에 대한 그리스도의 언급이 영과 육에 대한 그리스-로마의 이원론을 완전히 배격하는 성경의 가르침이라고 주장한다. 복음서에서 육신과 영혼이 전혀 다른 것으로 보이지만 이 두 요소는 실상 서로 상호 모순적이지 않으며 인간의 생명과 존재를 이야기할 때 필수 불가결하게 사용되는 단어임을 상기시킨다고 주장한다)

이 구절은 세상이 '육'의 죽음만을 두려워하고 '영혼'(신: $\psi\upsilon\chi\acute{\eta}$ 프시케)을 모르기에 영혼의 중요성에 대한 경각심을 주려는 의도를 보인다. 그렇다고 하여 하나님 편에서 '영혼'만을 강조하고 '몸'이라는 인간 존재의 요소를 덜 중요하게 여기는 것은 아니다. 또한 하나님은 '영혼'만을 다스리는 분이라는 뜻을 의미하지도 않는다. 몸과 영 모두 하나님께 중요한 것이며 하나님이 모두 다스리고 관장하는 인간 삶의 영역을 말한다. 이처럼 성경은 그리스도가 언급한 말들을 통해 '몸' 혹은 '영혼'을 교차적으로 표현하며 인간 존재 자체를 의미하고 있음을 알 수 있다. 정리하자면, 신약성경은 그리스-로마 철학의 이원론을 배격하며 영혼과 육신이 모두 하나님이 창조한 원형으로서 인간의 존재를 말하고 있음을 우리는 알 수 있다. 성경은 몸과 영혼을 차별적으로 보지 않으며 오히려 구원의 대상으로 보고 있다. 성경이 말하는 '몸'에 대한 이런 인식을 다음과 같이 다시 정리해본다.

첫째, 몸은 하나님의 구원을 체험하는 현장이다. 곧 인간의 전존재를 의미한다. 그리스도 역시 온'몸'을 소중한 구원의 대상으로 여겼다. 그리고 '몸'이 구원의 빛을 접할 때 어둠을 벗고 밝은 빛을 입은 구원의 존재가 될 수 있음을 성경은 증언한다. 둘째, 몸은 세상 생존의 현장 가운데 놓여있다. 그리고 하나님은 몸의 필요를 돌보신다. 그리스도는 몸을 '목숨(생명)'으로 언급하였고 자기 몸(생명)을 희생하여 인간의 구원을 이루고자 했다. '몸'을 돌보시는 하나님 그리고 몸을 구원하는 하나님은 인간의 '몸'이 처한 세상에서 삶을 살피고 돌보며 구원함을 성경이 증언하는 것이다. 셋째, 몸과 영혼의 생존은 모두 하나님에게 달려 있다. 영과 육은 생명의 요소들이며 서로 교차적으로 연결되어 있어서 어느 것도 소홀히 될 수 없는 연합체임을 강조한다. 이것이 영과 육의 조화로운 어우러짐과 아름다운 생존, 이것이 바로 하나님이 원하시는 바이다. 우리 역시 영과 육이 건강한 존재로서 서야 할 책임이 있다.

몸과 영혼은 하나로 연결된 생명의 연합체이다. 이것이 성경이 언급하는 인간 존재의 참된 구성이며 인간 회복을 위한 원형이라 할 수 있다. 성경은 인간의 구원과 회복을 약속하며 그리스도의 '몸'의 희생을 통해 그 일이 성취되었음을 증거한다. 우리도 하나님이 창조한 작품으로서 '몸'을 소중히 여기며 당당하게 '몸'을 활용하여 성경의 메시지를 경험하는 일에 참여할 수 있다. 성경은 우리의 '몸'을 그와 같은 경험을 위해 초대하고 있다.

비블리오드라마

현대에 이르러 관념론적 성경접근 방식들은 큰 도전을 받는다. 성경을 개념적으로만 이해하려는 방법은 인간의 삶이 처한 현장을 무시한 채, 언어의 유희만을 늘어놓고 있다는 비판의 소리를 듣는다.(A. Waskow, 2008, pp.276, 278) 참된 성경교육은 인간 앞에 놓인 삶의 현실을 외면하지 않고 연결하는 작업이어야 하며 그러한 노력으로 성경에 접근할 때 성경은 비로소 그 안에 담긴 내용을 의미 있는 선물로 전달하여 사람들의 삶을 복되게 인도할 수 있다. 이를 목표로 실천하는 비블리오드라마가 어떻게 발전해 왔는지 살펴보자.

몸으로 읽는 성경의 출현

성경연구에서 있어서 "몸으로 읽는 성서" 운동을 처음 주창한 이는 현대 비블리오드라마의 개척자 게르하르트 마르틴 교수(독일 마르부르크 대학교)이다. 그도 처음에는 서구의 전통에 따라 이성과 논리로 신학과 철학을 연구하던 학자였다. 하지만 그는 1970년대 중반에 미국 뉴욕의 유니온 신학교에서 객원교수로 머물면서 성경연구의 '역사비평'의 한계를 주제로 하는 논쟁을 접하게 되었고 성경연구 방법의 방향 전환의 필요성을 크게 느끼게 되었다.(고원석, 2020, p.25) 그는 전통신학이 관념론에 빠져 인간의 실상을 간과하고 있음을 반성하며 사람들이 성경의 참 맛을 맛보기 위해서는 종전과 다른, '머리'만이 아닌 다양한 방식으로 성경을 체험해야 한다고 주장했다.

그런 와중에 그는 뉴욕에서 무용치료자 카트야 델라코바(K. Delakova)를 만난다. 델라코바는 당시 사람들에게 삶의 기억과 중요한 순간들을 몸으로 표현하여 삶의 의미를 찾게 하고 나아갈 방향을 발견하도록 돕는 교육을 하고 있었다. 마르틴은 델라코바와의 만남을 통해 인간의 몸이 갖고 있는 신비스러운 표현력과 몸짓이 전달하는 중요한 의미를 알게 되었다고 한다. 그는 이때의 경험을 가리켜 '신체적 거듭남' 사건이었다고 간증하기도 했다. 1982년 그는 마르부르크대학교 실천신학 교수로 임명되어 다시 독일에 돌아오면서 본격적으로 몸과 성경을 연결하는 "신체 활용 성서해석운동"을 통해 성경을 새롭게 경험하고 의미를 찾아가는 작업을 펼치기 시작했다. 그리고 그 작업을 가리켜 '비블리오드라마'(Bibliodrama)라 명하였다.(고원석, p.23)

마르틴이 제안한 비블리오드라마는 성경 본문이 주는 다양한 의미를 몸의 행위를 통해 찾아보는 작업이었다. 성경의 이야기를 즉흥적 몸의 움직임을 통해 표현하도록 독려하였고 참여자들은 행위 갈증을 느끼는 대로 자발적으로 무대에 올라 성경의 인물들을 표현하였다. 그러한 재연의 행위 가운데서 성경이 전달하는 인간의 실존적인 상황이 드러났고 이를 몸으로 통찰할 수 있게 한 것이 비블리오드라마의 효시가 되었다.

'비블리오드라마'는 이처럼 그 초창기부터 성경이야기에 참여하는 이들이 신체로 본문의 내용을 표현하고 거기서 의미를 발견하는 방법을 취하였다. 성경을 '머리'가 아닌 '몸'의 작업으로 접근하는 것이다. 종전의 신학계에서 하듯이 성경을 문서비평, 역사비평 혹은 특정 신학의 기준과 전통의 틀을 가지고 접근하는 데서 멈추지 않았다. 독자들이 직접 성경의 내용을 '몸동작'으로 표현하여 체험하는 방식을 취하였다. 이야기 안으로 들어가 성경의 인물이 하던 것처럼 노래도 해보고 춤도 추며 상황 속에 담긴 냄새도 맡아보며 들려오는 소리에 귀를 기울이는 등, 모든 오감각을 활용한 지각의 체험으로 성경을 '체현'(enactment)하도록 독려했다. 사슴처럼 달려보기도 하고 바위처럼 묵직한 자세를 취해보기도 하며 화가 난 인물의 소리를 질러보고 슬픈 일을 당하여 옷을 찢고 하늘을 향해 두 팔을 벌려 심정을 토로하는 기도도 했다.(예: 시편에서 이스라엘이 소고를 치고 노래하던 일) 신체의 활동을 통해 올라오는 순수한 몸과 마음으로 성경이 드러내는 메시지를 발견하고 그 진정한 뜻을 음미하는 '몸'의 체험 방식을 시도한 것이다.

미드라쉬: 성경과 삶의 자리

이러한 '몸'을 통한 성경 체험 방식은 성경인물이 처한 모든 개연적인 상황 표현을 허락한다. 주어진 성경 본문의 주제를 변화시키지는 않는다. 하지만 그 이야기가 담고 있는 모든 가능한 상황을 상상할 수 있고 재연할 수 있다. 이를 통해 참가자들은 더욱더 성경 안 깊숙한 상황으로 들어가는 체험을 하게 된다.

예를 들어 신약성서의 탕자 이야기를 비블리오드라마로 재연할 때 누가복음 15장에는 직접 등장하지 않는 탕자의 어머니 역할도 누군가가 자원한다면 그 연기가 허락된다. 어느 가정이든 어머니 없이 자식이 태어날 수는 없기 때문이다. 아울러 사람만이 아니라 가축, 식물, 사물들을 자원하는 이가 있다면 역시 그 역할이 허용된다. 사물들은 이처럼 의인화되어 사람처럼 말하고 몸짓으로 표현하며 전체 상황을 도울 수 있다. 탕자 네 송아지가 자기가 왜 희생되어야 하느냐고 불평을 늘어놓기도 하며, 겟세마네 동산의 감람나무가 땀방울이 핏방울이 되도록 간절히 기도하는 그리스도를 바라보며 눈물을 흘리기도 한다. 주어진 본문의 주제에서 벗어나지 않는 비블리오드라마는 이러한 개연성을 거부하지 않는다. 야곱이 아버지와 형을 속이고 도망친 날의 저녁 식사 테이블에서의 가족들의 대화는 어떠했을까? 화가 난 아들 에서는 야곱을 도왔던 어머니 리브가에게 어떻게 항변했으며 리브가는 무슨 말로 에서를 달랬을까? 이런 질문들은 비블리오드라마가 인간의 실제적 경험을 허용하며 참가자들로 하여금 성경 안으로 깊이 있게 들어가 성경을 경험하게 하는 동기가 된다. 에덴동산에서 쫓겨난 아담을 인터뷰하며 낙원을 빼앗긴 심정은 어떠한지 그리고 앞으로 에덴 동상 밖에서 뭘 하며 먹고 살 것인지 대처 방안을 묻고 함께 의논해 보는 일도 벌어질 수 있다. 야곱과 첫날밤을 치른 리브가와 라헬이 서로 직면하여 앞으로의 삶을 대비하는 장면 등도 비블리오드라마에서 자주 선택되는 개연적인 상황이다.

그런데 이렇게 성경의 컨텍스트를 살피며 성경 인물들이 처한 개연적인 상황 안으로 심도 있게 들어가는 방식의 성경해석 활동은 현대에 이르러 갑자기 일어난 운동은 아니다. 이미 아주 오랜 시절, 기원전 1000년경에 고대 유대인들은 '미드라쉬'(מ.ד.ר.ש Midrash, 주석)라는 성경 해석의 작업을 통해 이 방법을 실천하였다. 그들은 다양한 방법으로 율법의 의미를 깨닫는 '다라쉬'(ד.ר.ש 찾는다)의 행위를 하였다. 다라쉬의 목적은 율법(토라)에 담긴 가르침과 이야기들을 신체로 표현하고 실행하여 그 상황 가운데 전달되는 성경의 의미를 '찾는데' 있었다. 그 대표적인 예가 창세기에서 발견된다. 창 25:22에 보면 쌍둥이를 임신한 리브가가 자기 몸의 태에서 다투는 태아들의 움직임을 느끼면서 야훼에게 그 뜻을 묻는다. 바로 다라쉬의 행위이다.[21] 또한 창세기 42:22에는 요셉이 자기 인생을 나락에 떨어지게 한 형들을 만나 책임을 '묻는다.' 이 말도 '다라쉬'로써 어릴 적 자기를 죽이려다 노예로 팔아 넘겨 처절한 고통을 안겨준 형들에게 '보복하는 법'을 찾는 행위를 의미한다. '다라쉬'는 이처럼 주어진 상황에서 어떠한 행동을 취해야 할지 그 방법을 '찾는다"는 의미를 지니고 있었다. 고대 유대인들은 이러한 미드라쉬의 행위를 통해 토라(율법)를 통해 야훼(하나님)가 궁극적으로 전달하고자 하는 메시지가 무엇인지를 살피는 데 초점을 맞출 수 있었다.

　　필자 역시 수업 시간에 학생들과 함께 미드라쉬를 실험해 본 적이 있다. 성경의 본문을 설교나 강연으로 전달하는 통전적인 방법을 피하고 성경의 이야기 안으로 직업 들어가 성경이 우리에게 어떻게 경험될 수 있는지 알아보려 시도하였다. 그래서 창세기 42장에서 52장까지 요셉이 자기를 노예로 팔아 넘기며 인생에 큰 고통을 안겨준 형들을 만나 '다라쉬'의 행위를 하는 것을 재연했다. 학생들로 하여금 본문에 나오는 성경 인물의 역할을 맡아 그들의 심정을 토로하는 기회를 주었다. 이들은 자발적으로 드라마에 참여하여 몸으로 요셉과 형들의 자세를 표현하고 목소리로 자기 역할에 따른 심정을 토해 내면서 성경 본문을 입체적으로 경험하였다. 특별히 분노와 죄책감의 갈등이 올라오는 것을 느낄 수 있었다. 물론 요셉의 역할을 맡은 이가 역할에 동일시될 때 제일 혼란스러워 했다. 형들에 대한 분노를 하나님에게 표출하면서 어떻게 해야 하겠느냐고 항거했다. 분노 속에 하나님의 뜻을 찾는 ('다라쉬') 의 기도가 온몸으로 표출되고 있었다. 한참 그렇게 울먹인 후 형들을 향하여 떨리는 목소리로 말한다.(창세기 50:20 해당부분 연기) "형들은 나를 해치려 고 했고 노예로 팔아 넘겨 내가 이 개~ 고생을 하며 살아왔지만… 하나님은 오히려 그것을 선으로 바꿔 놓으셨소. 오늘 굶어 죽어가는 형들을 내가 구할 수 있게 되었으니 말이오. 이 어찌, 아니 우스꽝스러운 코미디가 아니고 무엇 이겠어? 하나님이 형들을 아주 우습게 만든 거야, 하나님이 복수해 준 것이 지…! 그러니 형들은 나를 두려워하지 않아도 돼! 나는 형들처럼 더러운 행동 을 취하지 않을 거야. 형들은 나를 죽이려 했지만, 나는 형들과 형들의 자식까 지 돌볼 거야…"

이 미드라쉬의 드라마를 통해 성경을 재연해 보면서 참가자들 중에 현재 가장 큰 사건인 이스라엘과 하마스 전쟁의 참혹한 폭력의 현장이 연결된다고 말하는 이들이 여럿 있었다. 이들은 뉴스에서 이스라엘과 가자의 수많은 민 간인 특히 아동들이 비참하게 죽어가는 현장을 보면서 요셉이 벌일 수 있었 던 처절한 복수의 현장을 가히 상상할 수 있었다고 말했다. 드라마에서 무엇 이 가장 인상 깊었는가 하는 질문에 '형들에게 선을 행하겠다'는 요셉의 말이 라고 했다. 자신의 분노를 넘어서서 야훼에게 순종하여 요셉이 결국 구원한 가족들! 그들을 통해 진정한 이스라엘이 세워지는 의미가 여기에 있는 것이 아니냐고 반문하기도 했다. 물론 여기에서 이스라엘이란 특정 지역에 사는 민족이나 어떤 혈통의 사람들이 아닌 '하나님의 다스림을 받는 백성'을 말한다고 하는 이도 있었다. 요셉 비블리오드라마를 미드라쉬의 방법으로 경험해 보니 '이스라엘'이라는 말의 의미가 모두에게 진정성 있게 다가왔다.

미드라쉬의 비블리오드라마는 이처럼 실존의 문제, 즉 인간이 이 세상 한 복판에 놓인 바 되어 당면하는 현실 속에서 성경 이야기를 통해 삶의 의미를 통찰하는 기회가 된다. 성경은 이 세상 한가운데 놓인 인간의 '현실'과 무관한 책이 아니다. 그래서 성경의 이야기가 재연될 때 우리에게 삶을 위한 진정한 메시지가 체험된다.

체현의 드라마

1980년대에 이르러, 사이코드라마 디렉터 피터 피젤(Peter Pizele)는 미드라쉬로 구현하는 비블리오드라마 치료를 구체화하였다. 성경을 미드라쉬의 방법으로 접근하되 현대 드라마치료의 기법을 가미하여 체험하며 치유와 통찰의 경험을 제공하였다. 그는 오랫동안 심리극(Psychodrama)을 시행하면서 쌓아온 치료자의 경험을 토대로 비블리오드라마에서 활용할 수 있는 드라마치료의 요법들을 도입하였다. 그가 집중한 현대 드라마치료는 오스트리아의 정신과 의사 야콥 모레노(Jacob Moreno, 1889-1974)에게서 온 것이다. 모레노는 '신체'를 활용한 집단활동을 통하여 사람들의 삶의 현장을 '드라마화'(to dramatize 이야기를 행위로 옮기는 작업)하여 심리극(Psychodrama)의 심리치료 기법을 창시하였고 사람들은 심리극을 통해 감정을 정화하고 새로운 통찰력을 얻으며 현실을 직면할 수 있는 역할연습을 경험할 수 있었다. 피젤(2016)은 이러한 심리극을 토대로 자신의 "성경 심리극"(비블리오드라마)을 집단 활동에서 진행하였고 "미드라쉬로서의 비블리오드라마"라고 그 성격을 규명하기도 하였다. 그는 주장하기를 비블리오드라마란 고대 미드라쉬처럼 인간 삶에 관계된 많은 실존적 상황을 자발적으로 설정하고 다루는 것이라고 했다. 성경의 본문으로부터 재연할 역할들을 자발적으로 선택하고 "성서의 이야기를 역할극의 행위로 표현하여 성서의 의미를 드러내 경험하는 행위"라고 정의했다.(Pitzele, 2016, p.25)

이러한 미드라쉬의 성경 드라마는 참여자들로 하여금 성경의 인물과 동일시를 하게 하며 참여자 자신의 삶을 반영하는 생각과 느낌 그리고 소망을 대화체로 자유롭게 말하고 표현(비블리오로그)하는 기회를 주었다. 이를 통해 참여자들은 역할 체험의 연습을 통해 실제 삶에 도움을 얻게 된다고 보았다.(Pitzele, p.18)

"나는 참여자들이 상상력을 동원하여 본문의 새로운 의미 지평으로 진입하기를 바란다. 나는 (디렉터로서) 사람들이 창조적으로 협력하면서 하나의 드라마를 만드는 장면을 만들도록 돕는다. 비록 즉흥적이고 순간적이긴 하지만 비블리오드라마는 창의적 감각을 공유하게 한다. 나는 집단 한 사람 한 사람에게 관심을 기울인다. 그래서 인물을 연기하는 과정에서 그들이 각 개인의 문제와 맞닥뜨리길 원한다. 만일 그것이 성공할 경우, 각자 역할 연기에서 벗어나 편안함과 침묵 속에서 자기 자신을 관찰할 수 있는 자유를 얻게 된다."(Pitzele, p.248)

그는 이렇게 참여자의 삶의 정황을 드러내는 비블리오드라마야 말로 성경의 메시지가 온전히 나타나 전달되는 현장이 된다고 하였다. 그는 성경 안에 "검은 불꽃"과 "흰 불꽃"의 은유가 나타나는데 "검은 불꽃"이란 성경의 내용을 담고 있는 글자들을 의미하며 "흰 불꽃"이란 성경의 흰 여백을 말한다고 하였다. 독자들이 성경을 통해 발견하는 자기의 삶의 자리가 드러나는 곳을 말했다.(pp.38-39.) 그는 하나님의 말씀은 경전의 글자에만 머물지 않고 여백을 통해 연결되는 인간의 삶을 향하고 있다고 보았고 그래서 비블리오드라마를 전개함에 있어서 성경의 본문 자료를 활용하되 글자들 행간이나 여백 안에 담긴 인간 삶의 구체적인 장면들을 상상하고 표현하게 하였다. 이를 통해 성경이 드러내는 "검은 불꽃"과 "흰 불꽃" 모두를 비블리오드라마를 통해 체험할 수 있게 하였다. 피터 피첼의 검은 불꽃 vs 흰 불꽃의 유비는 결국 '머리'가 아닌 '몸'으로 하는 성경공부와 컨텍스트를 살려 인간의 삶을 성경과 연결시키는 운동을 가속화 시켰다.

한국 교계의 '흰 불꽃' 인식

한국사회에 비블리오드라마가 도입되기 이전에 미드라쉬의 '흰 불꽃'의 중요성과 '몸'을 기반으로 하는 성경해석 운동의 선례가 되는 시도가 있었다. 이미 2000년대 초반에 신학계에서 먼저 성경을 몸으로 체험하는 일의 필요성을 주장한 운동이 있었는데 그것은 한신대 교수 박재순(2001)이 주장한 성경을 '(머리로) 읽을 것인가' 아니면 '(눈으로) 볼 것인가'하는 토론의 주제가 불러온 움직임이었다.(p.6, 9-16)

성경을 읽는다는 것은 성경의 글자와 문단을 인지적으로 이해하는 것을 말한다. 반면 성경을 본다는 것은 성경이라는 대상 전체를 내 '몸(눈)으로' 대하며 육적으로 만나는 것을 의미한다. 전자가 성경을 '대상'으로 삼아 본문을 구성하는 문장과 단락을 분석하며 글자 하나하나의 의미를 탐구하는 이성적이고 합리적인 방법으로 성경을 해석하는 작업을 의미한다면 후자는 성경이 주체가 되어 전달해 주는 이야기를 우리의 몸으로 성경의 인물이 되어 직접 메시지를 받게 되는 체험의 작업을 말한다. 박재순 교수는 성경을 '보기 위하여' 우리는 삶 속에서 '몸'으로 성경을 볼 것을 주장했다. 성육신 하신 그리스도가 천상의 보좌를 버리고 내려와 인간의 '몸'을 입어 우리와 삶과 죽음을 같이 하며 하나님의 말씀을 '육화'(embodiment)하여 우리에게 드러내고 증거하였듯이 우리도 성경의 본질적 의미를 찾기 위해서 '머리'가 아닌 '몸'으로 그리스도를 진정으로 만나보아야 한다고 주장했다. 박재순은 "하나님의 모든 사역의 종점은 몸(신체성)이다"라는 오우팅거(F. Oetinger)의 주장을 인용했다.

> "창조자 하나님이 유기체적, 피조물적 생명체, 다시 말해 몸을 창조했고 몸을 입고 세상에 왔고 몸으로 부활했다는 점에서 몸은 성서의 구원사의 중심에 있다. 성서의 사건들은 몸과 영혼이 일체가 된 삶의 사건들이다. 성서의 세계는 하나님과 인간이 함께 참여하는 삶의 세계이다. 몸이 성서의 세계 중심에 있다. 그러므로 성서의 삶의 세계는 우리의 몸과 삶을 통해서 느끼고 이해하고 참여할 수 있다."(박재순, 2001, p.25)

그리고 성경의 내용을 직접 '몸'으로 체험해 보며 '삶'으로 연결하여 실천하여 믿음에 당도해 보라고 제안했다.

> "(성경을 본다는 것은) 성경의 소리를 삶 전체로 몸 전체로 듣고 보는 것이다. 소리 보기는 소리에 담긴 삶의 깊이와 넓이를 몸과 맘으로 깨달음이다…(29) 문자를 넘어서 하나님의 마음, 성서인물의 마음을 보는 것이다. (이렇게 성서의 중심을 접하게 될 때) 참 생명이신 하나님을 보게 되고 참 하나님을 보면 내 마음이 뚫린다. 내 마음이 뚫리면 마음 속에 묻혀 있던 얼과 영성, 생명사랑과 생명 기운이 생명이신 예수를 만나 살아나고 솟아난다." (박재순, 29-30)

예를 들어 신약성경 초두에 등장하는 '요한의 세례'를 담고 있는 본문이 의미하는 것을 바로 깨닫기 위하여 성경을 읽는 독자는 요한이 살았던 황막한 빈들이 화려한 헬라 문명과 탐욕스럽고 잔인한 사회와 어떻게 다른지 그리고 이로 인한 심판의 설교와 어떤 관계가 있는지 종전의 신학이 그래왔던 것처럼 역사 비평적으로 살펴볼 수 있다. 하지만 이런 방법은 성경을 '머리'로 이해하는 차원에 그칠 뿐이다. 세례자 요한의 자리에 직접 서서 몸으로 말해 보고 느껴볼 때 올라오는 생각을 경험하라고 한다. 박재순은 요한의 세례를 이해하기 위해 몸을 물속에 잠가 보며, 빈들에 가서 요한처럼 직접 구할 수 있는 것만 먹고 살아 보면서 요한이 외친 말들을 광야에 외쳐보라고 한다. 박재순은 요한의 삶과 말을 '머리'만이 아닌 '몸'으로 살아보고 외쳐볼 때 "성서가 나에게 연결되는 경험의 크기는 사뭇 놀라운 것이 되어 드디어 요한과 함께 예수의 나라에 참여할 수 있다"고 하였다.(박재순, p.33) 비블리오드라마의 필요성을 역설한 셈이었다.

현상학적 이해라는 공통점

성경을 '몸'으로 보면서 체험하라는 이와 같은 언급은 현시대에 '몸'이 주요 담론이 되고 있는 사상적 흐름을 반영한 것이라 할 수 있다. 한국 기독교계는 2000년대에 이르러 신학계를 중심으로 '몸'을 통한 새로운 성경 교육 운동을 시작하였고 이는 주로 기독상담학자들과 기독교교육학자들에 의하여 주도되었다.(황헌영, 2007; 이영미, 2020) 앞 장에서 언급한 한국의 비블리오드라마 운동이 바로 그것이다.

처음에는 새로운 성경 연구 및 교육 방법으로 소개되었고 이후로는 기독교상담 분야에서 성경을 접목한 집단상담의 한 유형으로 발전하였다. 또한 Bibliodrama의 영어단어 Biblio가 대문자로 시작하면 성경을 뜻하지만 소문자로 시작될 때 일반 책들을 모두 의미하는 것이기에 bibliodrama는 성경 외의 책들도 포함하여 독서치료적 효과를 경험하는 운동으로 확대되었다.(김현희, 이동희, 2012) 더하여 이제는 신체감각운동치료 분야와도 교류를 하여 학제적인 입장을 계속 넓혀가고 있다.

비블리오드라마 운동이 상기 어떤 학제적 입장을 취하든 간에 이 모든 분야는 모두 '몸' 즉 '신체활용'의 기법을 사용함에 있어서 공통점을 보인다. 비블리오드라마가 신체 활동을 통해 성경 안으로 들어가는 경험에서 얻게 되는 효과는 다음과 같이 정리될 수 있다.

첫째, 비블리오드라마에서는 상호주관적 교류가 이루어진다. 성경인물들의 삶을 조망하고 그것을 몸으로 표현하고 재연할 때 참여자의 주관적인 세계가 열리고 성경의 이야기와 맞닿는 경험이 일어난다. 성경의 깊은 뜻과 참여자의 내면이 함께 만나 상호 연결되고 교류하는 사건이 생기는 것이다. 이는 성경이 나의 삶의 자리로 들어오고 내가 성경 이야기 안에서 보여지는 상호주관적 경험이 된다.[22] 더하여 참여자들 상호 간에도 서로가 서로의 이야기에 주체가 되고 객체가 되어주는 일이 일어난다.

요한복음 4장의 수가성 사마리아 여인의 이야기를 학생들과 교실에서 실시했을 때의 일이다. 성경 본문을 조용히 읽고 우리는 모두 각자 마음에 끌리는 인물이나 사물, 또는 무엇이든 본문 안에서 발견할 수 있는 캐릭터가 되어보기로 하였다. 그러자 예상대로 사마리아 여인과 예수, 제자들, 그리고 동네 사람들이 나왔다. 그런데 놀라운 일은 많은 학생들이 우물, 두레박, 바위, 나무, 물을 선택하는 것이 아닌가? 이들은 이야기 가운데 보조적인 캐릭터라고 생각했는데 여러 사람들에 의하여 선택되었다. 드라마가 시작되었을 때 이들이 사마리아 여인에게 다가가 말한다.

우물: 나는 지난 20여 년간 당신이 매일 나에게로 와서 물을 길어 올린 것을 알아요.

바위: 맞아요. 하루 중 햇볕이 가장 강하게 내리쬐는, 아주 더운 때에 당신은 여기에 왔어요.

나무: 처음엔 몰랐는데 이렇게 더운 시간에 물을 길려 온 것은 사람들을 피하기 위함 때문 아닌가요?

두레박: 맞아요. 당신은 사람들에게 상처를 많이 당했지요. 그래서 사람들과 접촉하는 것을 피하고 있어요. 그런데 나는 당신이 흘린 눈물을 보았어요. 그것은 이 두레박 물에 늘 떨어지곤 하였거든요.

물: 하지만 오늘 당신은 '로또 맞은 줄' 알아요! 오늘 누군가 아주 대단한 분이 올 겁니다. 그래서 나(물)보다 더 훌륭한 물을 당신에게 줄 거에요. 당신은 그걸 마시게 될 것이고 완전 새로운 사람이 될 수 있을 거에요.

이 비블리오드라마에 주인공으로 참여한 사마리아 여인은 예수를 만나기 전 이미 우물, 물, 두레박 그리고 바위로부터 위로의 목소리를 들은 것이다. 물론 그리스도를 만나기 전 아직 들리지 않는 '독백'의 소리였지만 이 사물 캐릭터들 모두는 마치 하나가 되어 사마리아 여인을 위로하고 힘이 되어 주는 모습을 보여 주었다. 나중에 〈나눔〉의 시간을 갖게 되었을 때 사물들을 연기한 이들은 자기들이 전한 목소리는 바로 자기가 듣고 싶어했던 목소리라고 했다. 성경을 신체로 표현하는 비블리오드라마는 성경과 독자가 전에는 느끼지 못한 상호교류의 장을 경험하게 한다. 더하여 참여자들 사이에서도 역시 서로가 서로에게 새로운 큰 경험의 주체가 되고 또한 그 경험의 대상이 되어 주는 상호주관적 교류의 경험을 갖게 한다.

둘째, 몸의 감각과 지각의 중요성이 살아난다. 비블리오드라마는 성경의 본문을 글로 읽는 머리의 작업에 그치지 않고 직접 몸으로 재연하여 체험한다. 이를 통해 신체의 감각이 활성화되어 성경을 보게 되며 이에 따른 지각 활동이 살아나 새로운 의미로 다가온다. 성경을 '머리'가 아닌 '몸'으로 우선 경험하는 일들이 벌어진다. 박재순의 '성경을 보는' 장면이 그 예가 된다.

호렙산에서 야훼를 만나는 하나님은 모세가 서있는 땅이 거룩한 땅이니 신을 벗으라고 한다. 비블리오드라마의 참여자들은 이 성경 본문을 읽을 때 야훼의 명령을 듣고 반응한다. 모두 맨발로 서서 바닥을 밟아본다. 그러자 머리로 읽은 글자가 순간적으로 마음에 다가왔다. 물론 전과 같이 본문을 읽기만 할 때에도 그 말을 머리로 이해할 수는 있다. 하지만 직접 신을 벗고 맨발로 땅을 딛어 보면 참여자들은 자신의 몸이 땅과 '연결됨'을 느낀다. 땅이나 모세나 다른 모든 사람들 모두, 야훼의 창조물들은 땅을 통해 연결됨을 느낀다, 맨발로 땅을 느껴보니 땅이 따사롭다. 촉감은 거칠지만 우주의 실재가 맞닿고 있음을 경험한다. 그리고 땅과 인간이 모두 창조주 야훼의 손길에 의하여 만들어진 것임을 깨달으며 왠지 하나가 됨을 느낀다. 순간 창조의 거룩함이 더 느껴진다. 성서의 "생명 사건"에 참여하는 경험이 된다. (박재순, p. 30)[23]

이처럼 몸의 감각 그리고 지각으로 이어지는 경험은 참여자의 몸이 이야기의 실제를 경험하도록 촉진시킨다. 이야기가 진정성 있게 다가오게 하며 실감나게 한다. 성경과 참여자가 하나가 되는 경험을 하는 것이다. 성경의 이야기를 '관념' 그리고 '생각'으로만 이해하려 했을 때 성경은 아직도 '나'에게 분리된 객체이다. 하지만 이제는 내가 성경 이야기 안으로 성경이 내 안에 들어와 하나가 되어 그 이야기를 직접 오감으로 체험하고 실재(reality)로 지각하는 일이 일어난다. 즉, 성경이 경험하는 것을 나도 경험하게 되는 것이다.

셋째, 성경이 주도적으로 창조하는 세계를 경험하며 성경이 전달하는 의미를 수용하게 된다. 종전에는 성경이 그것을 읽는 우리에게 '머리'로 객관적으로 이해되고 해석되어야 할 '대상'으로만 의미가 있었다. 하지만 비블리오드라에서는 성경이 우리의 존재를 변화시키는 움직임의 '주체'가 된다. 그래서, 성경은 우리의 '몸' 즉 우리의 전인적 존재를 그 안으로 초대하여 함께 어우러지게 하며 새로운 이야기를 창출하는 '주체'가 된다. 종전에 '머리'로 깨닫고 그친 통찰이 이제는 삶의 현장을 변화시킬 수 있는 창조적 역할연습이 되며 이 모든 것을 성경이 나에게 주도적으로 이끌어내는 변화라는 것을 알게 된다.[24]

필자가 창세기 35장의 이야기로 비블리오드라마를 실행했을 때 일어난 일이다.(부록 사례1) 레아는 동생 라헬이 사랑하여 결혼하기로 되어 있던 야곱과 첫날밤을 치른 후 아침에 일어난다. 그때 자기 얼굴을 보면서 라헬이 아니라고 화를 내는 야곱을 상대하게 된다. 그녀의 역할을 맡은 참여자는 자신의 어깨가 뭔가에 의해 짓눌려 옴을 느꼈다고 한다. 첫째 딸로서 아버지의 뜻을 따라 모든 것에 순종하였지만 늘 마음의 무게를 떨칠 수 없었던 경험, 그것은 참여자가 성경인물을 시연하며 공감한 레아의 마음이며 동시에 자신의 삶이 연결되는 경험이었다. 그리고 이내 야곱에게 표현하고 싶은 말을 해보라는 디렉터의 목소리를 따라 외친 말! "아니, 니 얼굴 표정이 왜 그래? 얼굴 좀 펴~" 순간 자기도 놀랐다! 자기가 그런 담대한 말을 할 수 있었다니! 마음만이 아니라 온몸의 근육이 확 풀어지는 시원함을 느끼며 앞으로 그렇게 시원하게 말하며 살아나겠다는 의지가 생겼다고 한다.

몸으로 성경을 재연하려고 성경의 이야기 가운데 담긴 역할들을 시연하다 보면 우리 몸이 평소 행하는 것 속에 만들어진 과도한 역할은 무엇이었으며 이제 그 역할을 어떻게 개선할 것인지 그리고 그것을 어떻게 행해야 할 것인지 깨닫게 된다. 디렉터는 이것을 감지하여 몸을 움직여 자세를 취하게 하고 몸이 준비될 때 마음을 표현하게 한다. 새로운 시도이다. 그리고 새로운 경험이 된다. 감정 정화는 물론 세상을 직면할 자신감을 얻게 되는 것이다. 이 모든 것이 성경이 동기화되어 이루어진다. 이 행위를 이끄는 것은 디렉터가 아니라 성경 이야기 자체이다. 성경이 모든 행위를 만드는 주체가 되어 사람을 움직이며 사람으로 하여금 새로운 행위를 할 수 있도록 주도해 가는 것을 비블리오드라마를 통해 경험하게 된다.

신체적 활용을 통해 집단이 성경이야기 안으로 들어갈 때 성경의 이야기는 이처럼 새롭게 재연되고 개인 및 집단이 '몸'으로 성경을 읽고 상호 교류하며 자기성찰을 이루는 결과를 가져온다. '몸'의 체현, 즉 성경에 몸으로 참여하여 성경이 드러내는 의미를 몸으로 경험할 때 얻게 되는 효과이다.

그런데 이 '체현'(enactment)이란 현대 몸의 담론의 기반을 제공한 메를로-퐁티의 '몸'의 현상학에서 깊이 있게 다루고 강조하는 개념이기도 하다. 자, 이제 '몸'의 현상학이 말하는 '체현'을 이해하며 비블리오드라마와의 '몸'의 경험이 어떻게 이 시대 몸의 담론과 만날 수 있는지 접점을 찾아보도록 하자.

2

현상과 몸

서양 철학의 전통에 있어서 '몸'의 중요성이 알려진 것은
지극히 최근의 일이며 현상학이라는 철학방법론을 기반으로 발전되었다.

현대 과학의 눈부신 발전에 따른 부작용과 오류를 반성하는
철학계의 노력에서 시작된 현상학은 점차 '머리'가 아닌 '몸'의 경험으로
세상에서 인간 실존 모습과 의미를 밝히는 작업이 되었다.

현상을 향한 접근

현대에 이르러 인문학계는 철학의 방법론을 재정립하는 문제에 봉착하게 되었다. 세상의 현상들을 이해함에 있어서 자연법칙을 우선으로 하는 자연과학적 태도는 물질세계는 물론 인간의 경험과 의식까지도 인과론에 입각한 방법으로 설명하려 하였다. 더하여 철학의 역사를 주도해 온 합리적 이성 중심의 사고 역시 관념론의 틀에 빠져 실제적 인간의 삶을 이해하는 데 실패하고 있었다. 이런 우리가 살고 있는 세계를 바로 이해하고 이 세계가 드러내는 의미를 바로 깨달을 수 있도록 철학 하는 방법론을 쇄신한 이가 에드문트 훗설(Edmund Husserl, 1859-1938)이다. 그가 주장한 철학적 방법론인 '현상학'은 19세기 말에 시작되어 20세기 중반까지 이어져 현대철학의 실존주의, 구조주의 등에 큰 영향을 미쳤다. 이 새로운 철학운동이 어떠한 발전을 통하여 우리의 관심인 '몸'에 대한 담론을 형성하는데 일조했는지 살펴본다.

현상과 의미

먼저 현상학(phenomenology)이란 단어는 말 그대로 세상에 나타나는 것들(phenomenon)을 말로 옮기는(logos) 작업이다. '현상'이란 그리스어 어원에 따른 '현상하다/나타나다'(to appear)를 뜻하는 phainesthai (명사 형태는 '나타난 것' phainomenon; 독일어 Erscheinung) 와 '말', '이성', '학문'을 가리키는 logos가 합성된 말이다. 따라서 '페노메놀로지'란 세상에 나타나는 것들을 살피어 논하는 학문이라고 할 수 있다. 세상에 '현상하는' (나타나고 드러나는) 사건이나 사물 또는 그것에 관련된 인간 경험의 의미를 밝히는 작업인 것이다.(Pettit, 1969, p.9) 훗설이 이와 같은 학문의 필요성을 주장한 까닭은 현대에 이르러 급격히 확장되는 '자연주의'(자연과학의 방법론)가 인간의 보편타당한 이념적 규범까지도 경험적 사실을 통해서만 정초하려 했기 때문이라고 한다. 훗설은 '자연주의'는 급기야 인간 삶의 가치나 의미의 문제를 경험론의 기준에 맞지 않는다고 하여 소외시키는 결과를 가져와 학문의 세계에 큰 우려를 끼치고 있다고 보았다. 또한 철학의 역사를 주도해 온 합리적 이성 중심의 사고 역시 관념론의 틀에 빠져 실제적 인간의 삶을 이해하는 데 실패하고 있다고 보았다.(E. Husserl, 1988, p.150) 그는 우리가 세상과 세상이 드러내는 현상에 대한 의미를 밝힘에 있어서 인간의 경험 자체에 대하여 '객관적인 판단이나 논의'와 인과관계에 의한 섣부른 일반화의 작업을 멈추고 오히려 '경험하는 인간'이 취하는 태도와 반응을 엄밀히 살피어 기술하는 것이 명증적인 학문의 체계를 세우는 방법이 된다고 보았다.(D.[25] Halprin, 2006, p.44) 경험의 순간에 인간 경험자가 주관적으로 "무엇을 생각하고 느끼는지, 그리고 무엇을 감지하며 상상하는지"(D. Halprin, 2006, p.45)를 밝힐 때 경험의 본질을 엄밀하게 드러낼 수 있다는 것이다. 이렇게 시작한 현상학은 에드문트 훗설(Edmund Husserl, 1859-1938) 이후 하이데거(Martin Heidegger), 사르트르(Jean Paul Sartre)의 '실존주의적 현상학'으로 계승되었고 메를로-퐁티(M. Merleau-Ponty)에 이르러서 '몸'의 현상학으로 발전했다.

그런데 '현상'이라는 말은 원래 훗설이 먼저 사용한 것은 아니었다. 그보다 200년 전 임마누엘 칸트는 이미 〈자연과학의 형이상학적 근거(1786)〉에서 물리학의 운동론을 다루는 한 영역을 가리키어 '현상'이라고 언급한 바 있다. 칸트의 형이상학은 존재를 논함에 있어서 본체와 현상을 구별하고 인식론이 다루어야 할 영역으로 현상을 이야기했다. '현상'이야말로 인식론적 철학의 자원을 찾게 해주는 '영역'으로 본 것이다. 이에 더하여 헤겔은 '현상'이라는 용어를 더 적극적으로 수용하여 자신의 철학이 드러내는 '정신'의 현주소로 삼았다. 그는 현상이란 인간이 사유하는 행위 즉 변증법적 방법을 매개로 하여 진행되는 행위로 보았다. '정신현상'이란 감각에서 시작하여 지각하며 자기의식을 통하여 이성으로 발전하고 절대정신에 도달하는 과정에서 드러나는, 정신이 취하여 보여주는 모습을 의미한다고 보았다.(양해림, 1999, p.16-17)

훗설은 이전의 철학들(특히 헤겔)이 이렇게 '현상'을 인간의 정신활동만을 설명하는 개념으로 소개하는 것에 만족하지 않았다. 훗설의 철학에서 '현상'의 의미를 규명하는 일은 정신활동이 아니라 '생활세계'에 관계된 일이며 생활세계가 드러내는 의미를 정신활동에 연결하는 일이었다. 즉 현상학이란 인간이 생활세계에서 경험하는 '사태'(사실 자체 thing-it-self)를 대함에 있어 그것이 드러내는 의미와 본질을 파악하는 방법론이 될 것을 주장하였다.[26] 그는 인간의 정신활동이 의미를 부여하기 이전에 세계에서 현상하는, 즉 근원적으로 주어지는 대상을 연구하는 것을 가리켜 현상학적 작업으로 여겼다.(이남인, 2014, p.66)

이 현상학적 작업을 위해 훗설은 '현상'의 의미를 밝힘에 있어서 인과관계에 기초한 자연과학의 일반화 방법도 거부한다. 세상에 나타나는 현상에 대하여 원인을 분석하고 결과를 예측한 것으로 세상의 모든 현상, 특히 인간이 경험하는 사태의 의미를 알 수 없으며 더구나 보편적 합리성이 요구되는 내용(예: 수학적 명제 등)에 관하여 모든 것을 '설명'할 수 없다고 보았다.(E. Husserl, 1988, p.5) 사실, 세상에 나타나는 일들에 대하여 그 원인을 분석하고 그것에 따른 결과를 과학적 실증주의의 방법으로 예측하려는 것은 큰 문제점이 있다. 인간은 경험이 전달하는 의미를 깨닫는 데 한계가 있기 때문이다. 그래서 현상을 대함에 있어 그것을 경험하는 이가 객관적인 과학의 원칙들을 동원하여 성급하게 '일반화'하려 할 때 인간의 삶 가운데 특수하고 개별적인 성질을 무시할 수 있어 필히 오류가 발생시키기 마련이다.

훗설은 또한 사태(thing-it-self)가 의식하는 자에게 심리 내적이고 주관적인 경험을 더하기 마련인데 이를 과학적 인과관계로 일반화할 수 없는 것도 지적했다.(E. Husserl, 1988, p.5) 예를 들어 한 여행자가 어느 산골을 지나다 둥그런 바위를 바라보며 감회에 젖어 있다고 하자. 그 자리에 기하학자가 찾아와 바위의 각도를 재며 원으로서 성립 여부를 조사하여 알려준다든지 지질학자가 토질 형성사에 비추어 그 바위를 분석해 주는 일은 지금-여기에서 이 여행자가 느끼는 감회를 대신할 수 없다. 그는 그 바위에서 따뜻한 어머니의 가슴을 느끼고 있을지 모르는데 이는 아무리 과학적이고 객관적인 지식일지라도 바위에 대한 여행자의 경험이 주는 의미를 대신할 수 없다.

그래서 훗설은 세상의 현상을 논함에 있어서 합리적이라고 여겨온 자아의 판단을 내려놓고 물(物) 자체를 그 자체로 존중하자는 입장을 취한다. 그리고 그동안 서양의 관념론이 세워온 개인의 합리적 사고 역시 오류를 발생시킬 수 있음을 지적한 것이다. 우리가 우리 체험의 본질을 대하기 위하여 미리 주어진 어떠한 지식 그리고 전해져 내려온 관습적 사고나 개인의 경험에 따른 선이해를 가지고 현상에 접근할 때 이 사태를 대하는 우리의 사고는 순수하지 못하고 선이해로 오염되어 있어 현상의 의미를 파악하는 데 방해가 될 수 있다고 보았다.

그는 모든 현상하는 것에 대하여 어떠한 '경험'(자연주의)이나 '선 이해'(관념론)에 의해서도 방해받지 않는 '순수한 의식'을 가지고 접근할 것을 강조했다.(E. Husserl, 1970, p.10-12) 그리고 이 작업을 가리켜 '현상학적 환원'이라고 하였다.(목전 원, p.29) 현상학은 이 세계 가운데서 나타나는 일들(현상)의 본질을 대하기 위하여 순수한 의식으로 돌아가는 학문이어야 한다고 주장한 것이다.(E. Husserl, 2009, p. 125) 그는 과학적이든 관념론적이든 어떤 선 이해(Vorverstandnis)도 허락할 수 없으며 오직 선험적인 '순수 의식'을 도구로 하여 현상하는 세계를 기술하는 새로운 방법론을 세울 것을 주장했다.(E. Husserl, 1988, p.47)

에포케 하라!

훗설은 이처럼 현상하는 것의 의미, 그 본질을 찾기 위해서는 '엄밀한 학문으로써의 철학'(Philosophie als strenge Wissenchaft)이 필요하다고 한다.(목전 원, p.227-28) 의식의 주체가 지각을 통해 얻은 내용에 대하여 성급하게 그 의미를 정립하는 반성(reflection)의 과정으로 들어가지 말고 '에포케'($\varepsilon\pi o\chi\eta$, 괄호 치기)의 작업을 하라는 것이다. 이 작업은 어떤 경험과 학문에 근거를 둔 생각일지라도 그것을 가지고 사태를 판단하는 일을 '중지 시키는'(enthalten)일이다. 이를 위해서 사태를 의식하는 주체가 지금-여기 에서 지각하는 것을 설명하지 않고 그대로 '기술'한다. 그렇게 할 때 사태의 의미가 엄밀히 밝혀질 수 있다는 것이다.

> 나는 공간적-시간적 세계에서 경험하는 존재로서 모든 판단을 차단하는 '현상학적' 판단중지($\varepsilon\pi o\chi\eta$)를 실행한다.... 나는 학문들이 타당하다는 주장을 받아들이지 않겠다. 나는 그 학 문들의 명제 그 어느 것의 명증성이 확실하다 하더라도 나의 것으로 수용하지 않고 나의 의식의 기반으로 삼을 수 없다. 나는 그 명제를 괄호 치고 나서야 그 명제를 수용할 수 있을 것이다"(E. Husserl, 2009, p.125)

대상에 대하여 그 존재를 부정하지도 긍정하지도 않고 그 타당성을 거론 하는 일조차도 '괄호로 묶고'(einklammern) 그 대상 외의 다른 요소들을 철 저히 '배제하여'(ausschalten) 생각을 중지하는 방식이 에포케이다. 그렇게 할 때야 비로소 세상을 대하는 자아가 순수의식에 머무는데 방해가 될 수 있 는 일체의 선입견이나 경험의 판단을 배제하고 세상을 나타나는 바, 현상을 체험하는 바 그대로 언어로 기술할 수 있다고 보았다.(E. Husserl, 1950, VI, 4, 59)[27]

의식의 지향성

그런데 이러한 '에포케'의 작업이 과연 가능할까 의문이 들 수 있다. 그리 고 가능하다면 무엇을 근거로 그렇게 말할 수 있을까? 훗설은 우리의 존재 안에는 이미 세상을 순수하게 인식하고 이해할 수 있는 능력이 내재하는데 그것을 가리켜 '선험적 이성'이라고 한다.(E. Husserl, 1988, p.47) 이 선험적 이성이란 온 세상에 적용되는 보편적 이성을 말한다. 훗설은 이 선험적 이성을 따르다 보면 인식의 주체가 흔들림 없이 세상의 현상과 그 의미를 정초해 나가는 작업이 가능하다고 보았다. 그리고 이 선험적 이성은 우리 개별자의 의식 속에서 '지향성'(intentionality; 독/Intentionalitaet)을 갖게 하여 세상을 향하게 하고 세상 가운데 대상들에 대한 의식이 맞닿게 하는 근원이 된다고 본다.(E. Husserl, 1997, p.277) 훗설은 이 의식의 지향성을 통해 우리의 의식은 세계를 이해하고 우리 안에 인식의 내용물을 구성하게 된다고 보았다.[28]

　　그렇다면 우리는 또 이런 질문을 하게 된다. 훗설이 의식의 지향성을 통해 이루고자 하는 선험적 보편적 이성과 데카르트가 강조해 온 정신의 우위성과 어떠한 차이가 있는가? 실제로 훗설이 선험적 보편적 이성을 추구하기 위하여 정초하고자 하는 순수 의식의 이념은 또 다른 관념론에 그치는 것이 아닌가 하는 비판을 받기 쉽다. 특히 세계를 초월하는 의식을 추구함으로 보편적 이성을 강조하는 것은 결국 초월론적 관념론으로의 회귀하는 것이 아닌가 의문이 생긴다. 순수의식을 확보하는 의식의 주체가 현상학적 판단중지를 할 때 자칫 현상학이 처음에 관심을 둔 '현상하는 세계'와 현상의 의미 및 본질을 찾는 작업보다는 현상을 향한 의식의 정초, 즉 선험적 의식의 확보에만 치중하기 때문이다. 그리고 이러한 순수의식에 대한 강조는 결국 사태 자체 혹은 '세상'과의 관련성을 간과하는 결과를 낳고 말 것이기 때문이다.

　　실제로, 훗설은 객관성의 이념을 실현하기 위하여 "사태 자체로" 학문의 초점이 맞추어져야 한다고 주장했는데 그 작업을 위해 순수의식을 가려내다 보니 사태보다는 의식에 더 집중하는 결과를 낳았다. 결국 세계가 존재를 드러내는 현상과 사태 자체에 집중하기보다는 그것을 인식하는 존재자에게로 다시 돌아가는 듯한 경향을 보여주었다. 이렇게 되면 의식의 주체는 타자와의 관련성을 상실할 수 있으며 데카르트처럼 다시 '유아론적'인 주관에 빠질 수밖에 없어 비판을 피할 수 없다.(이남인, 2014, p.64)

하지만 훗설은 부정한다.(E. Husserl, 2009, p.439-441) 훗설은 의식의 지향성을 주장함으로써 오히려 데카르트의 코기토를 넘어서려 하였다. 왜냐하면 에포케는 세상의 현상에 대하여 합리적이라 여겨오던 자아의 판단을 내려놓고 '물 자체'를 그대로 존중하자는 뜻을 내포하고 있기 때문이다. 에포케는 인식에서 정신과 물질의 차이에 대한 인식 자체도 제거하려는 노력이다. 정신보다는 오히려 물 자체를 보자는 것이다. 데카르트와는 달리 처음부터 사고하는 정신을 믿지 말고 정신조차 의심하라는 것이다. 정신은 순수의식이 흐려지면 성급한 판단을 하여 오류를 범할 수 있기에 현상하는 사태, 그 자체가 드러내는 의미를 찾기 어렵다. 따라서 현상학적 환원을 통해 물 자체를 있는 그대로 기술하는 데 엄밀한 노력을 기울이라고 한다. 에포케의 작업을 엄밀히 수행할 때 세계로 향하는 의식의 지향성은 결국 선험적 의식이 인도하는 보편적 이성의 세계에 도달할 수 있다고 본 것이다.

최근 재미있는 기사, "꿀벌 6만 마리에 뒤덮여"가 이를 이해할 수 있는 설명이 된다.(서울신문, 2021-5-22) 안젤리나 졸리는 국제 꿀벌 보호 협회의 꿀벌 보호 운동을 위해 준비된 이벤트에 주인공으로 나와 특별한 행위를 선보였다(참고로 현재 우려되고 있는 꿀벌의 멸종은 전세계의 식량 1/4에 해당하는 부분을 위협할 수 있다고 한다). 꿀벌이 과연 인간에게 위협적일까 아닐까 확인하기 위하여 꿀벌이 좋아하는 페르몬 향수를 온몸에 바르고 6만 마리가 넘는 벌떼에 무려 18분 동안 자신을 노출했다. 그리고 자기에게 달려드는 엄청난 꿀벌을 상대하면서 그 시간을 잘 참아내는 역할을 맡았다. 놀라운 것은 그 수많은 꿀벌 중에 졸리를 침으로 쏜 꿀벌은 하나도 없었다는 사실이다. 꿀벌들은 페르몬의 향을 맡으며 마치 여왕벌을 대하듯이 부드럽게 그녀를 감싸고 있었을 뿐이다.

이 광경을 데카르트의 방식으로 이해하자면 졸리는 "내가 이렇게 하면 벌에 쏘이지 않을 것이다."라고 생각을 한 셈이고 실제로 수만의 벌들은 졸리의 생각대로 하나도 쏘지 않았으니 세상이 그녀의 생각대로 돌아가고 있다고 볼 수도 있다. 하지만 그녀의 생각이 한치의 틀림도 없이 영원히 적용할 수 있을까? 그녀의 생각은 명증성이 있다고 할 수 있는가? 즉, 세상은 내 생각대로 이해하고 판단하며 움직일 수 있다고 말할 수 있는가 하는 문제이다.

졸리의 생각은 본래 맞을 수도 틀릴 수도 있는 것이었다. 다행히 벌들이 그녀를 쏘지 않았지만 그것은 졸리의 생각이 항상 옳았기에 나온 결과라고는 볼 수 없다. 오직 확실한 것은 벌들이 그녀를 쏘지 않았다는 사실 뿐이다. 즉 그녀가 안전하게 이벤트를 마칠 수 있었던 것은 그녀의 생각이 옳아서가 아니라 벌이 쏘지 않았기 때문이다. 이것이 훗설의 이해이다. 우리의 의식은 벌을 향하고 있는데 벌에 대한 평소의 생각이나 경험들 모두 내려놓고 의식의 대상에 순수하게 집중하라는 것이다. 우리가 분명히 할 수 있는 것은 그 대상

(벌들)이 무엇을 현상하는(드러내는)지에 관한 것뿐이다. 그 외의 것, 즉 벌에 대한 나의 생각은 명증적이 않으며 그것이 오히려 예상치 못한 변수가 일어나 다른 이야기로 바뀔 수도 있다.

이처럼 현상학적 환원을 위한 에포케의 작업은 우리의 생각(반성) 이전에 사태를 있는 그대로 기술하는 방법으로써 오늘날 많은 분야에서 사태 자체를 그대로 살피는 일이 중요할 때마다 인용된다. 특별히 오늘날 인간의 내면을 탐구하며 진정으로 이해하는 일에 적극 사용된다. 예를 들어 상담의 현장에서 내담자에 대한 판단은 중지되어야 하며 오히려 상대를 존중하고 공감하는 일이 중요하다. 훗설이 제안한 에포케와 흡사하다.(이선관, 2002, p.281; 김대현, 2009, pp.85-86) 종전처럼 치료자가 내담자의 입에서 나오는 말을 인과론적으로 분석하여 의미를 규명해 주는 작업보다는 내담자가 스스로 부여하고 있는 의미가 무엇인지를 찾도록 도와 스스로 변화를 이룰 수 있도록 하는 대화의 방법론이 중요시되고 있다. 이러한 현상학적 방법론은 또한 인간의 경험 가운데 몇몇 사람의 경험으로 일반화할 수 없는 사건들에 대하여 그 의미를 사태 자체가 말하도록 하고 그것을 기술하여 연구하는 질적연구를 낳았다. 예를 들어 종군위안부 할머니를 연구하는 일은 이러한 질적연구의 대표적인 본보기가 된다. 이 연구에 있어 대상자들을 잘 알고 있다고 해서 자신의 선이해와 지식으로 종군위안부의 마음을 통째로 설명하려 든다면 이 할머니들의 심정은 진정성 있게 드러나지 못하게 될 것이다. 연구자가 가진 선 이해 혹은 가치관으로 접근한다면 더더욱 할머니들의 경험과 무관한 공론만을 만들 수 있다. 드라마나 문학, 예술 작품의 분석 역시 마찬가지이다. 객관적 사실을 밝히려는 과학적 작업만으로는 이러한 분야에서 전하고자 하는 인간 경험의 의미를 바르게 밝힐 수 없다.

인간의 경험에 대하여 자연과학의 인과론적 관찰 및 실험의 결과로 일반화하고 객관화할 수 없을 때 그리고 합리적 이성을 근거로 하는 관념론적 접근이 오히려 사태에 대한 바른 이해를 방해할 수 있을 때 사용할 수 있는 유용한 도구가 에포케의 방법론이다. 인간 개개인이 이 세상 가운데 경험하는 현상에 대하여 그 의미를 규명하기 위해서는 섣부른 판단을 보류하고 그 사태에 귀 기울이며 듣는 자세가 중요하다. 훗설은 바로 이러한 방법으로 현상의 의미와 본질을 찾을 것을 강조했다.

세계 안의 몸

훗설의 선험적 현상학은 현대 철학계에 큰 반향을 일으켰다. 특별히 과학 기술의 발전에도 불구하고 서구세계는 세계 1, 2차 대전의 참상과 인간성 상실을 경험하면서 과학적 실증주의에 의문을 던지기 시작하였고 이로 인해 학문하는 방법론을 다시 세워야 한다는 훗설의 주장에 동의하게 되었다. 세상에 나타나는 '현상'을 어떻게 모두 과학의 '인과론'의 도식으로 설명할 수 있겠는가? 과학의 원칙들이 세상을 이해하고 발전시키는 데 꼭 필요한 것들이었다면 어떻게 이 세상은 더 어두워져 가고 있는 것인가? 합리적 이성을 주장하는 이들도 그렇다. 세상에서 일어나는 일들에 대하여 구체적으로 살피지 않고 관념론적으로 세상을 논하는 것은 탁상공론에 불과하다. 세상에 나타나는 현상에 대하여 우리가 갖고 있는 것으로 섣부른 판단하기 보다는 세상을 있는 그대로 혹은 나타나는 그대로 바라보라는 제안은 특별히 인간을 연구하는 학문에 꼭 필요한 방법론으로 등장하게 되었다.

생활세계의 실제

훗설의 방법론을 받아들이듯, 동시대에 미국 할리우드 영화계에서는 처음으로 유성영화 《재즈 싱어》(The Jazz Singer, 1927)가 나왔다. 거기에 등장하는 주인공이 영화 역사상 스크린상에서 처음으로 말하게 되어 삶의 실제를 드러내는 분위기를 제공했다. 참으로 의미심장한 표현이었다. "Wait a minute, wait a minute, you ain't heard nothin' yet" (잠깐만 잠깐만, 당신은 아직 세상이 말하는 것을 들어보지 않았어!) 그동안 사람들은 소리가 없는 무성영화만을 관람하였다. 영화를 보면서 배우들의 소리를 듣지 못했고 자막만을 읽어왔는데 이제 유성영화의 스크린에서 '소리'를 듣게 된 것이다. 소리가 실제로 들려오자 이전과는 완전히 다른 세계를 경험하게 되었다. 그동안 사람들은 세상이 현상하는(나타내는) 것에 대하여 귀를 기울이지 못했다. 영화 속에서도 삶이 드러내는 소리를 몸으로 체험할 수 없었다. 단지 스크린에 올라오는 영상에 반응하는 자기 '마음'(생각)에 집중해왔다. 무성영화의 스크린상에 올라오는 자막 역시 배우들의 자연스런 소리를 드러내는 것은 아니었다. 자막은 단지 영화의 제작자가 인간의 생각을 연결하기 위하여 영상에 던져 청중의 생각을 유발하는, 의도된 자극이었을 뿐이다. 하지만 이제 유성영화는 '소리'로 인한 경험의 변화를 불러왔다. 소리가 들리면서 배우들의 상황은 더 자연스럽게 드러났고 청중들은 이를 또한 자연스럽게 접하고 한층 더 영화 속 인물의 생활 곧 삶 안으로 들어가는 경험을 할 수 있었다.

"잠깐만 잠깐만, 당신은 아직 세상이 말하는 것을 들어보지 않았어." 이 말은 세상에 대한 성급한 반성(생각)을 탈피하라는 훗설의 주장처럼 들린다. "자 봐! 지금 소리가 들리고 있잖아. 이제 세상에 대하여 먼저 멋대로 판단하거나, 뭔가 당신의 생각대로 세상을 이해하려 말고 세상이 무어라고 말하는지 그 자체를 있는 그대로 들어 보라구. 먼저!"하는 현상학적 제언의 소리가 동시대 유성영화를 통해 전해지고 있었다. 그동안 마음에 당연시되어 왔던 믿음이나 가치관을 내려놓고 상대방이 무어라 말하는지 먼저 들어보라는 말이다. 그것도 판단하지 말고 그대로 경청하며 그 가운데서 진짜 의미를 파악하라는 것이다. 이러한 주장이 세상 곳곳으로 퍼져 나가기 시작했다. 문학을 필두로 각종 예술계에 그리고 학문의 영역에 훗설의 영향력은 자못 커지기 시작했다. 하지만 훗설의 철학에도 비판의 소지가 있었다. 앞서 언급한 대로, 엄밀한 학문으로서 현상학을 주장한 그였지만 사태의 본질을 파악하자는 본래의 취지와 목적을 스스로 흐리게 하였다는 것이다. 세상의 현상에 대하여 어떠한 생각이나 편견이 개입되지 않는 경험 이전의 순수한 의식을 확보하는 일에 너무 치중하다 보니 정작 '현상' 보다는 그것을 인식하는 자아의 의식과 자아가 세상에 대하여 구성하는 의미를 다루는 인식론(epistemology)에 그치는 우를 범하고 있기 때문이었다. 훗설의 학문하는 방법론이 단순히 순수한 '이념'만을 확보하는 데 그친다면 그것은 실제 세계와 아무런 상관이 없는 관념론으로 또 다시 회귀할 수도 있다. 그의 철학이 세상을 이해하기 위하여 나의 '머리'를 순수한 상태로 셋업 해 줄 수 있을지는 몰라도 그 '머리'는 세상과 분리된 상태 그대로 머무르며 '세상'과 아무런 연관성을 갖지 못할 수도 있다. 세상과 연관되기 위해서는 우리 전 존재가 세상에 참여하여 세상과 어우러진 상태로 사태를 경험해야 한다. 바로 '머리'만이 아닌 '몸'으로 세상을 체험하는 일이 있어야 한다는 것이다. 이런 비판의 우려 때문인지 훗설은 그의 사상 후기에 순수의식의 확보를 위한 '에포케'의 작업이 "생활세계"(Lebenswelt, or the life-world)에서 이루어져야 한다고 재차 강조한다. 그리고 생활세계를 이야기하면서 '몸'의 기능을 언급한다.

우선 그가 말하는 '생활세계'를 살펴보자. '생활세계'란 우리가 일상적인 경험을 하며 삶을 영위하는 세계로서 자아가 대상을 만날 때 의식의 반성(reflection) 없이 살아가는 자연스러운 삶의 장소를 의미한다.(목전 원, p.47) 훗설은 현상의 의미를 바로 알기 위해서는 인간의 경험이 담기는(lived experience) 이 생활세계를 중요시하여 살필 것을 강조했다. 훗설에게 생활 세계란 세상을 대하는 의식의 주체가 그 속에서 살면서 느끼는 세계로서 결코 부인할 수 없는 실존의 세계를 말한다. 그동안 서구사회는 '정신세계'를 너무 강조한 나머지 이 세계 안에서의 경험 그리고 세계 자체가 드러내는 일들보다는 그것을 인식하는 인식자들에 치중하는 사고를 키워왔다. 후설은 이제 이러한 세계가 '항상 현존한다'라고 밝힌다.(E. Husserl, 1971, p.52-53) 우리가 세계에 '현존'(거기에 존재한다)하는 사실을 부인할 수 없다고 한다. 세계는 정신활동의 대상으로서만이 아니라 실제로 구체적인 특질들을 가지고 현상하는 것이라고 말한 것이다. 그리고 훗설은 비로소 '몸'을 이야기한다. 세계의 현존에 대하여 우리의 의식이 지향성을 가지고 만나는데 이 때 우리는 '몸'의 기능으로 그것을 경험한다고 본다. 세계를 '지각'하는 우리의 의식은 우리 '몸'을 통해 직관적으로 그 일을 담당하기 때문이다. 그는 이 일이 몸의 이중적 구조를 통해 가능해진다고 한다. 그 첫 번째 기능은 Körper 즉 '물리적 신체'의 기능으로 흔히 자연주의적 시각으로 보는 물리적 몸을 가리킨다. 이 몸은 우리가 의식으로 지각하는 물리적 실제이며 세상을 객관화 (objectivating)할 때 인식되는 '대상으로서의 몸'을 말한다. 또한 몸의 둘째 기능을 'Leib'라 칭한다. 즉 물리적 세계를 향한 '의식을 담아내는 몸'으로서의 기능이다. 인간은 이러한 '의식을 담는 몸'(Leib)를 통하여 개인적 시각 (personal perspective)으로 현상을 주관화(subjectivating)하는 작업을 한다고 보았다.(Husserl, 1950, IV, pp.161, 285) 훗설은 이렇듯 몸에 대한 이중적 이해를 통해 현상을 주관적으로 감각하는 인식의 주체로서의 몸과 인식의 대상이 되는 물질적인(physical) 몸을 구분했다.[29] 그런데 훗설의 이해는 신체로서의 몸과 의식을 담는 몸을 구분하면서 후자에 더 초점을 맞추는 것이었다. '몸'에는 의식하는 자아와 의식의 대상 두 가지가 모두 포함되지만 의식과 세계는 여전히 구분된 것이고 순수의식의 확보가 우선적인 작업이기에 의식의 대상인 물질적인 몸은 의식하는 몸보다 아직은 덜 중요한 요소가 될 뿐이었다.

어쨌거나 '몸'에 대한 훗설의 언급은 자연 세계와 인간 내면을 둘 다 이야기 하여 그 연결점을 찾는 계기를 가져왔다고 평가받는다.(S. Heinnämaa 2012, p.230) 데카르트 이후 근대철학이 강조한 정신과 물질의 이분법을 완전히 극복하지는 못했지만 훗설은 인간의 '몸'을 통해 두 극단을 연결하여 생각할 수 있는 시각을 열어 준 셈이 되었다. 신체가 인간 내면과 외부 세계 모두에서 기능할 수 있다는 새로운 인식을 가능하게 한 것이다.

세계-내-존재

훗설의 제자 마르틴 하이데거(M. Heidegger, 1889-1976)도 과학의 부작용에 의하여 오도된 세상을 직시하며 삶의 자리인 실제 세계가 드러내는 현상의 의미를 파악하는 데 관심을 기울였다. 하지만 그는 훗설의 '순수의식'보다는 '생활세계'(lived-in-world)의 존재가 드러내는 실존의 자각과 마음의 상태에 그의 현상학을 집중했다.(van Mazijk, 2019, pp.520-521) 훗설이 인식하는 자(자아)의 입장에서 현상을 바라보는 방법을 정초했다면 하이데거는 세상 한가운데 놓인 인간 삶의 현주소를 다루며 그것이 현상하는 의미를 찾고자 한 셈이다.[30] 그는 철학이 존재자를 위한 인식론이 아닌 세상의 존재를 다루는 존재론의 작업이어야 함을 주장하였다. 그리고 존재는 언제나 세계와 부단한 관련성을 가지고 교섭하며 그렇게 살아가고 있는 주체임을 강조하였다. 그래서 이남인(2014)은 데카르트와 하이데거를 이렇게 비교한다. 데카르트의 코기토가 '나는 생각한다. 고로 존재한다'를 주장하며 생각하는 나, 더나아가 합리적 이성의 가치를 세우는 의식의 주체자로서 존재자를 강조하는데 의미가 있었다면, 하이데거는 '나는 다른 것들과 함께 존재한다. 고로 존재한다'(I am with others, therefore I am.)를 말하며 현존재 개념에 근거한 수정된 코기토를 말했다고 한다.(이남인, 2014, p.64) 참으로 하이데거의 사상에 대한 핵심적인 표현이라 본다.

우리는 여기서 하이데거의 존재론에서 훗설의 '생활세계' 개념이 '세계-내-존재'로 바뀌어 표현되고 있음을 알 수 있다.(양해림, 2003, p.123) 하지만, 하이데거가 말하는 세계-내-존재는 인간이 '생활세계'에서 단순히 자연스러운 삶을 영위하는 존재를 말하는 것이 아니다. 그것은 시간과 공간의 제약 가운데 '던져진' 존재로서 '피투성'(被投性, Geworfenheit)의 한계를 살아가며 죽음의 시간을 향하여 존재가 '무'(無, Nichts)로 향하고 있음을 깨닫는, 그래서 심려(Sorge, 불안)을 안고 있고, 그렇게 실존에 처해 있는 상태를 말한다.(Martin Heidegger, Being and Time. New York: Harper & Row, 제29절, 174)

여기서 실존이란 문자 그대로 '~밖에 있는 존재'(existence)를 말한다. 이는 종전의 신학적 철학에서 주장해 온 신이라는 존재자를 생각하지 않고 '존재자 밖에 있는'(existence) 그리고 '세계 안에 있는' 존재를 말한다. 이제 세계-내-존재로서 '존재자(신) 없이도' 인간은 자신의 존재와 그 존재가 가진 문제들을 깨달아 세상의 현상을 직시하고 궁극적으로 그 의미를 찾아가는 존재를 말하는데 이것이 바로 그가 말하는 '현존재'(Dasein; being there)이다.

신이라는 존재자 밖에 있는 존재인 인간은 '세계-내-존재'로서 이 세계 안에서 경험하는 것들로 인하여도 '심려(Sorge)'를 경험한다. '세계-내-존재'로서 다른 존재자들과 관계를 맺을 때, 나는 타인의 존재에 연결되고, 타인도 나의 존재에 연결되는 상호적인 관계를 경험하게 되는데, 이때 '심려'가 발생한다고 할 수 있다. 이것 또한 현존재의 경험으로 본다.[31] 그래서 하이데거가 말하는 현존재를 주목하는 일은 우리가 세상 가운데 '몸'으로서 경험하는 심리적 상태 '심려'(조르게)의 특징을 파악하는 데 도움이 된다. 하이데거가 말하는 현존재의 특징들을 간단히 정리해 보자면 다음과 같다.

첫째, 현존재로서 인간은 시간과 공간의 한계를 안고 살아가는 세계-내-존재(being-in-the-world)로서 자신의 '피투성'(被投性, Geworfenheit)을 경험하며 살아간다. 즉, 인간은 '세상에 던져져' 자신의 존재를 알게 되는데 이는 인간이 순수의식을 확보하기 이전에 이미 자의와 상관없이 깨닫는 것이라고 보았다. 이는 인간의 자아가 세상을 의식하기 위하여 세상을 향한다는 훗설의 의견에서 시작하지만 자아가 순수의식의 확보를 위하여 대상을 초월하는 '존재자'의 입장에 서있는 인상을 탈피하는 관점이 되었다. 하이데거에게 있어서 자아는 세상을 향할 뿐 아니라 세상 안에서 있는 존재이다. 이 존재는 실존하는 존재인데 그것은 '존재자(중세 개념으로는 신) 밖에서 존재하기(exist)' 때문이다. 그리고 신 밖에서 존재한다는 것은 이 세상에 던져져 이 세상 안에 존재함을 말한다. 따라서 훗설의 자아처럼 세상을 초월하여 순수 의식의 세계에 살지 않는다. 훗설이 말하는 대로 존재자(인식하는 자)의 지향성에 따라 선택된 삶을 살 수 없다. 다만 세상에 던져진 피투성의 존재로서 이미 세상 안에서 주어지는 경험을 할 뿐이다. 세상의 객관적 대상들에 대하여도 아무런 선이해나 판단 없이 받아들이는 세계-내-존재로서 그 안에서 자신의 실존을 살피는 것이 현존재이다.(M. Heigegger, 1953, 제29절, p.174) 물론 세계-내-존재로서 현존재는 시간의 한계를 알며 죽음을 예상하며 불안을 느끼는 진정한 실존을 살아간다. 우리가 흔히 쓰는 말 '나는 몸이 아프다' 라는 말은 하이데거가 말하는 '실존'의 차원에서 우리의 상태를 말하는 것으로 볼 수 있다. 우리라는 존재는 세상 안에서 '아픈' 상태를 경험(동격으로) 한다. 우리의 아픈 상태를 초월하여 우리 자신을 단지 순수한 의식으로만 바라볼 수 없다. 따라서 우리가 아프다고 할 때 하이데거에게 말하는 존재자란 없으며 오직 존재만 있을 뿐이다. 그런데 같은 말이라도 영어에서 "I have a stomachache!"라고 말하면 주체인 나와 아픔인 '복통'은 분리된 양상을 보인다. '나'라는 주체와 '복통'(고통)이라는 객체가 분리될 뿐 아니라 객체인 '복통'을 주체인 '나'가 소유하는(to have, 가지고 있다) 표현이 된다. 이때의 '나'는 세상 안의 존재라기보다는 세상의 대상들을 소유하는 존재자가 된다. 이런 의미에서 볼 때, '존재'를 표현하는 우리 한국인들의 말은 하이데거의 철학적 표현법을 훨씬 더 잘 반영한다고 볼 수 있다. 반면에, 나를 주체로 하여 대상인 복통을 소유한다(I have a stomachache!)고 말하는 영어 표현은 훨씬 훗설의 입장에 서있는 듯 보인다. 즉 영어에서의 아픈 몸은 자연적인 몸 Körper 을 말하는 것이며 의식하는 몸 Leib가 주체가 사태를 향하여 다가가서 기술하는 입장과 같다고 볼 수 있다. 어쨌든 하이데거의 입장에서 보면 '몸이 아프다'는 '존재가 아프다'는 것을 의미하며 그리고 그것을 현존재가 깨닫고 대처하게 된다. 하이데거에게 있어서 몸은 이렇듯 세계-내-존재임을 알려준다.

둘째, 현존재로서 인간은 이러한 피투성의 존재가 가진 문제에 대처하는 실존의 삶을 산다. 시간과 공간의 한계 속에서 죽음을 향하여 달려가는 존재로서 세상에 던져져 있고 거기서 '심려'(Sorge, 불안)의 상태를 경험하고 살고 있지만 궁극적으로는 오히려 미지의 세계를 향하여 자기를 던지며 나아가는 '기투성'(企投性, Entwurfs)의 존재로서 불안을 극복하고 자기 존재의 실현 가능성을 열어가는 삶이다. 현존재는 이렇게 실존(Existenz)의 한계를 수용하여 오히려 그 의미를 재구성하는데, 이는 탈-실존(Ek-sistenz)의 '기투성'(企投性, Entwurfs)이 작용한다고 할 수 있다.(Being and Time, 186)

이를 설명해 주는 재미난 사건 기사가 신문에 실렸다. 택시를 타고 가던 어느 손님이 궁금한 게 있어서 앞에서 운전하고 있는 택시 기사의 어깨를 손으로 톡톡 쳤는데 택시 기사는 그 손이 자기 어깨에 닿자마자 매우 놀라 비명을 지르며 갑자기 차를 옆으로 돌렸다. 차가 옆으로 비켜섰는데 하마터면 교통사고가 크게 날 뻔했다고 한다. 택시기사는 가까스로 정신을 차리며 도로변으로 천천히 차를 몰았고 손님과 대화를 이어갔다. 기사는 여전히 부들부들 떨며 손님에게 말했다. "손님, 죄송합니다! 실은 제가 오늘 택시 영업을 처음 하는 날입니다. 지난 20년 동안 영구차만 몰았거든요."(한국일보 이야기속으로, '오래된 직업병,' 11/2/2023) 기사는 자기 어깨를 만진 손님의 손을 영구차의 시신이 자기를 톡톡 치는 것으로 오해했던 것이다. 순간적으로 그는 시신(죽음)과 연결되는 자기를 느끼며 '불안'의 상태에 휘말렸던 것이다. 하지만 그는 가까스로 (현존재) 정신을 가다듬고 도로변으로 안전하게 차를 세웠다. 죽음을 넘어서 침착하게 자기와 승객을 인도하여 안전하게 시간과 공간을 활용한 모습이었다. 이는 기투성을 통하여 현존재가 이루어낼 수 있는 가능성의 세계를 보여주는 이야기였다.[32] 셋째로, '현존재' 인간은 또한 세계-내-다른 존재들과 '관계' 맺기를 통하여 다른 현존재들과 서로 영향을 주고받으며 상호 관계적인 존재로 살아간다. 이러한 상호관계적 특성은 현존재가 모종의 목적을 달성하기 위하여 자신을 세상에 투사하고 그렇게 자신을 세계-내-존재로 구성하는 데서 시작된다. 자기 존재를 위하여 기투할 뿐만 아니라 상호관계적으로 타자들과 주거니 받거니 하면서 이루는 작업이다. 현존재는 이렇게 자기실현의 가능성을 늘 염두에 두는데 이 가능성이 다른 존재자들 안에서도 나타날 수 있다. 현존재는 이를 통해 "타자와 함께 있는 존재"로서 다른 현존재의 개별성을 이해하고 배려해 가면서 세계-내-존재로서의 존재의 의미를 새롭게 구성하게 된다.(M. Heidegger, p.153-168) 이러한 상호관계적 관점은 하이데거 이후 프랑스의 실존주의 철학자들(사르트르와 메를로-퐁티)에게서 더 깊이 있는 사상으로 발전한다. 하이데거는 현존재의 개념을 통해 인간 존재의 독특성을 밝히었고 이를 통해 인간의 실존과 미래를 향한 학계의 여러 담론에 사상적 기반을 제공하였다.(이기상, 2011, p.119) 하이데거의 현상학은 훗설이 시작하고 마무리하지 못한 '사태 자체로 돌아가라'는 현상학의 과제를 완성하려고 노력을 기울였고 그 결과 세계-내-존재로서 훗설이 말하는 '생활세계'의 실존과 문제 그리고 삶의 의미를 더욱 명확하게 알리는 결과를 가져왔다.

그렇다면 하이데거에 의하여 시작된 실존적 현상학은 '몸'에 대하여 어떠한 시각을 보였을까? 하이데거는 그의 저술에서 특별히 '몸'에 대하여 언급을 한 바 없다. 하지만, 메를로-퐁티가 '몸'에 대하여 주장하자 이를 의식한 때문인지, 그의 인생 후기의 저술을 통해 인간이 '몸'으로 실존함을 간단히 언급한 바 있다.(1987, p.115, 122, 126, 292) 그는 인간의 '몸'은 인간 존재가 세계 안의 존재(Being-in-the world)가 될 수 있게 하는 하나의 계기이며 인간은 '몸으로서의 존재'(bodily being)할 때에 본질적으로 세계-내-존재임을 설명할 수 있다고 보았다. 인간이 세계-내-존재로서 존재하기 위한 '몸'의 필연성을 인정한 셈이다. 또한 그는 인간이 '몸으로 존재함'(bodily being)으로서 '몸'의 지각을 통해 세계-내 다른 존재들과 '관계'를 맺는 '현존재'가 될 수 있다고 말하였다. 몸을 통해 비로소 세계와 함께하는 '현존재'가 될 수 있다는 후학(몸의 현상학) 형성에 일조한 셈이다. 그가 철학의 작업을 존재자에서 존재로 그 초점을 바꾸어 인식의 주체보다는 객체로서의 존재를 강조한 것은 현대철학의 주제를 바꾸는 계기를 마련하였다. 그의 사상은 프랑스의 실존주의 현상학자 사르트르에게 '타자를 위한 존재로서의 자아' 개념 형성에 영향을 주었고 메를로-퐁티에게는 세계-내-존재로서의 인간이 처한 '생활세계'의 상황과 조건을 살피게 하는 사상적 기반을 마련해 주었다.

타자를 위한 몸?

훗설에 의해 시작된 독일 선험적 현상학은 하이데거의 실존주의적 성찰을 거쳐 프랑스로 건너와 J. P. Sartre와 M. Merleau-Ponty 등에 의해 실존주의 현상학으로 자리를 잡는다. 특히 이들 프랑스 철학자들은 '몸'에 대한 의식이 존재의 의미를 정립해 준다고 이야기한다. 근대 이후 '몸'의 중요성을 상실해 온 서양 철학계에 큰 충격을 안겨주는 '몸'의 담론을 형성한 것이다.

타자를 위한 '몸'

사르트르(J. P. Sartre, 1905-1980)는 하이데거처럼 '존재자'보다는 존재에 주목하며 하이데거의 현상학적 개념들 특별히 존재론을 도입한다.[33] 그리고 그 역시 '현존재'를 이야기했는데 놀랍게도 '몸'에 관한 것이었다. 그는 그의 책 〈존재와 무〉(Being and Nothingness)에서 우리의 '몸'(the body)이야말로 바로 인간이 세계, '거기에 존재함'을 보여주는 실제라고 주장한다.(J. Sartre, 1956, p.325) 그는 묻는다. 현존재('거기에 존재')하는 것은 무엇일까? 바로 몸이다. 몸은 우리가 "삶의 공간(line-space)"에 위치하고 있음을 보여주는 '실제'로서 우리가 세계-내-존재임을 단적으로 드러낸다고 한다. 그렇기 때문에 몸이 아니고는 우리가 세계-내-존재임을 제대로 기술할 수 없다. 세계 안에서 현상하는 것들(드러나 나타나는 것들)이 우리의 의식에 들어오는데 그것이 가능한 것도 역시 우리 몸이 사물을 지각하는 기관들을 포함하고 있기 때문이라고 한다.(Sartre, 1956, p.308) 더하여 사르트르는 세계 안에서 몸으로 현존하는 우리가 의식하는 것은 우리 자신이 아니라 '타자의 몸'이라고 한다. 마치 훗설이 강조한 순수의식의 중요성을 일소 시키는 것 같은 인상이다. 의식이 향하는 것은 세상 곧 타자인데 그렇게 될 때 우리 의식은 순수해지기보다는 오히려 타자의 몸에 몰입되고 정작 우리는 자신에 대한 의식을 가질 수 없다고 주장하기 때문이다. 우리의 의식은 타인의 존재를 확인해 주는 기능을 할 뿐이다.

예를 들어 우리가 길을 걸어갈 때 세상을 바라볼 뿐 그것을 향해 움직이고 있는 우리의 두 발을 바라보지 못한다. 만일 우리가 세상이 아닌 우리 두 발을 바라본다면 걸음이 엉망이 되어버려 제대로 길을 갈 수 없게 된다. 우리의 의식은 타자를 위한 것이고 그것이 자기에게 향할 수 없지만 만일 그러한 일이 가능하다면 더 큰 혼란을 끼칠 수 있을 뿐이다. 우리 몸이 의식되길 원한다면 그것은 반대로 타자가 우리 몸을 거울처럼 의식해 줄 때이다.(Sartre, 1956, p.303)

이것이 바로 세계-내-존재로서 '몸'이 작동하는 모습이라고 할 수 있는데 여기에 '몸'으로 인한 두가지 존재 형태가 나타난다. 첫째 몸은 '즉자'(in-it-self; en-soi)의 존재이다. 즉자란 곧 의식의 대상으로서 몸을 말한다. 그런데 즉자는 그 자체로 의식의 대상이 될 뿐 스스로를 의식하지 못하며 다른 존재를 향하지도 않고 다른 것과 관계없이 그 자체로만 존재한다. 세상에 있는 수많은 사물들이 여기에 해당될 것이다. 둘째는 대자(for-it-self; pour-soi)의 몸이다. 이는 항상 무엇에 대하여 의식하(려)는 존재로서 우리 몸을 말한다. 대자의 대표적인 존재가 바로 인간이다. 인간은 항상 세상을 향하여 무언가를 의식하기 때문이다.(훗설이 말하는 의식의 지향성이 여기에 해당된다.)

사르트르는 말한다. "의식이란 이렇게 존재하는 모든 것을 드러내 보이게 하며, 모든 존재하는 것은 각자의 존재를 근거로 삼아 의식 앞에 나선다."(J. P. Sartre, 1943, p.29) 대자의 의식에 의하여 세상의 모든 즉자들이 드러난다는 말이다.[34] 그런데 우리 인간의 의식은 늘 바깥을 향하고 타자를 의식하지만 정작 자신에 대하여는 의식하지 못하며 이로 인해 스스로의 존재에 대하여는 아무것도 정립할 수 없는 공허한 상태가 된다.

존재 무(無)

그렇다면 우리 스스로를 의식하지 못하고 타자를 의식하는 우리의 주체는 어떻게 되는 것인가? 사르트르는 이러한 의식의 실존을 가리켜 존재 '무'(無, néant)라고 한다. 우리의 의식이 순수해질수록 우리는 "있음"이 아니라 "없음"이 될 뿐이라고 한다.(J. P. Sartre, p.353) 사르트르의 '존재 무'라는 표현이 좀 심한 표현 같지만 일리가 있다. 오늘날 우리 사회에서 제시되는 다음과 같은 문제를 살펴보자. 현대인은 과연 자신의 몸이 존재한다고 할 수 있을까? 우리의 몸은 과연 존재하는 것일까? 아니면 그저 소유물로 전락된 존재 무(無)의 상태를 보여주는 것은 아닌가?

최근 시중에 인기 있는 책 가운데 H. Gardner & K. Davis가 저술한 〈앱세대 The App Generation〉가 있다. 이 책은 부제로 "디지털 시대를 사는 젊은이들의 정체성, 친밀감, 그리고 상상력"이라 기술하는데 이를 보면 책의 내용이 디지털 관련 젊은이들의 심리사회적 경험을 다루고 있음을 짐작하게 한다.[35] 이들 저자에 의하면 현대를 살아가는 젊은이들은 '한 번도 길을 잃어버린 경험이 없는 세대'라 한다. 손 안에 있는 폰이나 태블릿에 설치된 앱의 도움으로 온 세계를 누비고 다니면서 먹을 것, 입을 것, 잠잘 곳 그리고 방문할 곳을 찾는데 원하는 대로 거의 실수없이 움직일 수 있다. 그런데 이렇게 완벽에 가까울 정도로 편리한 세상에서도 '앱 세대'는 길을 잃고 헤맨다. 앱이 제시하는 완벽에 가까운 상품에 자기를 비교하기 때문이라 한다. 이들은 앱이 보여주는 유명 배우나 모델을 삶의 이상형으로 삼고 자신을 동일시하고 싶어 한다. 그러다 점점 앱이 제공하는 이상적인 몸에 함몰되기 시작하는데 이때 각자의 몸은 가치를 잃는다. 이상형에 비하여 자기가 뭔가 부족하고 열등하다고 평가하며 이로 인해 스스로를 비난의 대상을 삼기도 한다. 이제 앱에 비교되는 나의 몸은 돌봄의 대상이 아니다. 앱이 제공하는 이상적인 몸을 따라 흉내내는 부차적인 대상일 뿐이다. 배우의 몸을 기준으로 자기의 몸의 가치를 평가하고 몸의 상품 가치를 높이기 위한 노력은 계속된다. 배우의 몸을 동경하여 그 형상과 같이 되기 위하여 몸 여기저기 손을 대어 고치기도 한다. 나의 순수한 몸은 어디론가 사라지고 상품 가치에 맡겨진 수리품이 되고 만다. 상품으로서 나만 남고 나의 존재는 점점 사라지고 없다. 나의 몸을 상품 가치로 평가하는 세상에서, 몸은 더 이상 존재가 아닌 소유물이 되어 다른 이들과의 비교 대상이 될 뿐이다.

안타까운 일이다. 몸을 존재가 아닌 소유물로 볼 경우 우리 스스로에 대한 존중이 사라져 버린다. 소유물은 상품처럼 평가받을 수밖에 없다. 몸이 소유물이 된다면 노예시대에 노예들처럼 그 몸이 지닌 힘, 피부 색깔, 등의 기준을 가지고 상품가치로서 평가될 것이다. 하지만 인간은 존중 받아야 할 존재이며 서로 존중하는 존재이다. '타인을 위한 몸'은 의식하지만 정작 나의 몸, 그것에 대한 존재성을 잃어버리고 상품 가치로 비교하는 이 세태를 사르트르가 미리 내다보고 지적해 준 것은 참으로 의미 깊은 일이 아닐 수 없다.[36]

몸을 '소유'로 보는 것은 서구사회가 17세기 이후 데카르트의 심신이원론을 기반으로 하여 물질로 구성된 몸이 절대적인 정신세계와 구별된다고 본 시각의 영향이 크다. 이는 아주 오래전 플라톤의 영향을 받아온 서구의 철학과 기독교 신학이 전수한 서구의 대표적인 사상이기도 했다. 이런 사상 속에서는 몸은 정신보다 열등한 것이며 자아에 의하여 좌지우지될 수 있는 것이다. 스스로 주체가 될 수 없으며 정신적 활동에 있어 '대상'으로서만 의미가 있는 것이 되고 말았다. '결국 몸은 주체가 아닌 객체, 또는 소유물일 뿐이었다. 이러한 생각이 굳어져 현대에도 '몸'을 저급한 것으로 여기게 되었다. 사르트르는 이러한 세대에 대한 경종을 울린다. 그는 '몸'이 인간 실존 그 자체임을 주장한다. 우리의 정신이 몸을 판단하기 이전에 몸은 이미 세상에 존재하고 있으며 몸이 우리 존재의 의미를 부여하고 있다고 강조한다. 사르트르는 '몸'이 더 이상 존재가 아닌 소유물로 전락하는 현실을 비통해 하면서 몸의 중요성을 부각하여 주었다.

가능태

그렇다면 우리의 존재는 공허한 채로만 남는 것일까? 사르트르는 부인한다. 우리 인간은 '즉자(in-it-self)'가 아닌 '대자(for-it-self)'의 존재로 초월의 가능성을 가지고 있다고 본다. 인간은 세상의 다른 사물들과 달리 '즉자'로서 세상에 남으려 하지 않는다. 즉자는 '무'를 모르지만 인간은 자신의 '무'를 늘 뭔가로 채우려고 한다. 무언가로 공허함을 달래려 한다. 이것이 긍정적으로 작용할 때 현재는 미래를 여는 새로운 가능성이 되며, 인간은 선택을 통해 새로운 그 가능성을 열어가는 자유를 누릴 수 있다. 따라서 인간 존재의 공허한 삶에 '무'(無)는 꼭 부정적 것만은 아니다. 인간은 '무'의 실존을 알고 있기에 그것을 채우려 하고, 그 채우는 과정에서 선택을 통해 자유를 경험하며 결국에는 삶의 목적을 세워 성취할 수 있는 존재가 된다.(Sartre, 1947, S.11) 그래서 사르트르는 실존은 본질(존재의 목적)에 앞선다고 말한다.[37] 우리 인생에 타고난 본질(목적)은 없다. 다만 세계-내-존재로 존재하고 있을 뿐이다. 하지만. 비록 그 실존이 최상의 조건이 아닐지라도 자신에게 주어지는 상황에 따라 최선의 선택을 하며 앞으로 나아가면 자신의 삶을 위한 가장 최선의 것을 실현할 수 있다는 말이다. 물론 이 선택에는 불안이 따른다. 스스로의 삶을 책임지는 일이기 때문이다. 그래도 우리는 선택해야 한다. 선택한 일들에 대하여 책임지지 않는 것은 자기를 기만하는 일이기 때문이다. 따라서 사르트르는 우리의 '몸'이 하는 일들이 진정성 있는 선택이 되어야 한다고 주장한다.(Sartre, 1956, p.344)

그리고 사르트르는 우리의 몸이 타자를 위한 존재(being-for-others)로서 서로에게 희망이 되어야 한다고 주장한다. 타자가 존재하는 것은 우리의 눈빛 때문이다. 우리가 살펴보지 않으면 그들의 존재는 의미가 없다. 세상 한복판에 실존하고 있는 우리의 몸은 타자를 향하며 타자를 위한 존재로 살아간다. 같은 방법으로 타자가 우리의 몸을 바라볼 때 우리의 몸도 비로소 존재 의미를 얻는다. 타자의 눈빛이 바로 우리에게 존재를 주기 때문이다. 이렇게 서로(타자)를 바라보며 존재를 확인해 주는 과정을 통해 인간 생명체는 비로소 존재의 의미를 갖게 된다. 우리에게 널리 알려진 김춘수 시인의 "꽃"은 이러한 사르트르의 철학을 암묵적으로 포함한 시가 아닐 수 없다.

> 내가 그의 이름을 불러 주기 전에는
> 그는 다만 하나의 몸짓에 지나지 않았다.
> 내가 그의 이름을 불러주었을 때,
> 그는 나에게로 와서 꽃이 되었다.
> 내가 그의 이름을 불러준 것처럼
> 나의 이 빛깔과 향기(香氣)에 알맞은
> 누가 나의 이름을 불러다오.
> 그에게로 가서 나도
> 그의 꽃이 되고 싶다.
> 우리들은 모두 무엇이 되고 싶다.
> 너는 나에게 나는 너에게
> 잊혀지지 않는 하나의 눈짓이 되고 싶다.

시인이 시에 담은 사상을 하나의 학문적 시각에서 파악한다는 일이 너무 근시안적인 것이 될 수 있다. 하지만 김춘수 시인의 "꽃"을 읽다 보면 실존주의 철학과의 연관성을 결코 무시할 수 없다. 특별히 이 시에서 말하는 대로 "몸짓"에 불과했던 그에게 "내가 그의 이름을 불러 주었을 때 그는 나에게로 와서 꽃이 되었다"라는 시구에서 우리는 사르트르의 "타자를 위한" 우리의 의식을 상기할 수 있다. 더하여, "내가 그의 이름을 불러준 것처럼... 그에게로 가서 나도 그의 꽃이 되고 싶다"에서 우리도 타자가 되어 누군가의 의식 안에 붙들릴 때 비로소 우리의 존재에 의미가 생긴다는 표현이 감동적이다.[38]

물론 시인이 이 시를 표현하는 것은 사르트르가 말하는 '의식'의 행위에 그치지 않는다. 시인은 목소리로 시를 발하고 있다. 목소리가 타자에게 전달되며 타자의 움직임이 나를 향하고 있음을 알게 되는 것도 우리의 지각 때문이다. 또한 사람들 간에 특히 나와 너 사이에 몸의 교호가 이 시에 포함되어 있음을 알 수 있다. 이는 몸에 대한 사르트르의 시각('대자'적 의식으로 타자의 존재가 구성된다)을 넘어서는 메를로-퐁티의 시각(존재하는 것들은 상호 몸으로 참여하고 체현한다)를 보여주기도 한다.

사르트르의 '몸' 강조; 공헌과 한계

   사르트르의 '몸'에 대한 접근은 현상학의 관심을 '의식'에서 '몸'으로 옮기는데 큰 작용을 하였다. 그는 특별히 데카르트의 '의식' 행위의 중요성(존재성)을 희석시켰다. 나의 몸은 지각하는 주체로서 타인의 몸을 의식하는 도구일 뿐이다. 그런데 정작 나의 자아가 의식하는 것은 '나'(나라는 존재)가 아니라 '타자의 몸'이라 하였기 때문이다. 데카르트의 유아론도 희석된다.[39]

   그리고 물질인 나의 '몸'으로 인하여 다른 사람의 존재가 의미를 갖게 된다는 주장은 그동안 정신보다 낮은 수준으로 무시되었던 '몸'의 가치를 살리는 공헌을 하였다.(목전 원, p.82) 사르트르에게 우리의 의식은 오히려 나의 존재를 무(無), 즉 '없는 것'으로 만드는 것이 되어 타자의 '몸'보다 가치가 덜한 것이 되고 만다. 곧 데카르트가 낮은 수준으로 여긴 '몸'을 사르트르는 의미 있다고 한 것이다.

"나의 몸은 본래 나를 위한 존재 그 자체이다(즉자, being-for-itself). 하지만 존재 그 자체는 자기에 대한 의식을 갖지 않는다. 타자가 바라볼 때에 의식될 뿐이다. (장님이 자기 머리를 못 깎듯이) 나의 몸은 나를 의식하지 못하고 타인을 바라볼 뿐이고 오직 타인들의 몸이 나의 몸을 의식할 때 의미가 있으니 나의 몸은 타자를 위한 존재(대자, 대타신체, being-for-others)가 된다."(Sartre, 1956, p.351)

사르트르는 이렇게 나의 몸이 타자를 위한 존재로 설 때 우리 현존이 드러난다고 하여 데카르트의 심신 이원론의 맹점, 즉 경험하는 '신체-주체'와 경험되는 '신체-대상'의 분리 문제를 지적하고' 모든 것에 현존하는 '경험되는 몸'의 중요성을 더 부각시켰다.

"몸은 그것이 스스로에게 보이지(의식되지) 않더라도 모든 행위에 현존한다. 예를 들어 손(몸)이 망치를 사용하여 못을 박는 행위를 할 때 그 행위로 인하여 망치와 못은 더욱 드러나며 심지어 그 행위를 멈추거나 다시 진행할 때 나타나는 속도도 드러나지만 망치를 움직이는 손 자체는 스스로를 드러내지는 않는다."(Sartre, 1956, p.324)

하지만 사르트르 역시 이분법적 한계를 벗어나지 못하였다. 몸에 대한 그의 설명도 '의식'이 먼저 움직여야 몸의 의미가 주어지는 것이기 때문이다.(Sartre, 1956, p. 323-3) 내가 타자의 몸을 보며 그 이름을 불러줄 때 그 의미가 생긴다. 몸의 의미를 좌우하는 것은 결국 타자를 향한 나의 의식임을 주장하여 의식의 중요성을 다시 부각하는 결과를 낳았다. 그리고 아직도 의식과 몸은 분리된 두 영역으로 존재하는 양상을 보인다. 경험하는 신체(타자를 향한 나의 의식이 시작되는 몸)와 경험되는 신체(타자의 몸)를 구분하였고 이들의 연결점은 몸이 수동적으로만 '보여질 때만' 존재가 가능하다는 시각(타자를 의식할 때 존재가 된다)을 보여 몸을 아직도 저급한 것으로 여기는 것이 아닌가 하는 인상도 남긴다. 이 이분법의 숙제를 풀기 위해서는 경험하는 몸과 경험되는 몸이 서로 수동적인 조건(의식)을 넘어서서 서로 주체가 되고 객체가 되는, 완전한 연합체로서 상호주관적인 교류의 존재를 말하는 몸의 현상학(메를로-퐁티)의 등장을 기대하게 한다.

어쨌든 사르트르가 '몸'의 현상학으로 가는 길에 큰 등불이 되었음은 분명하다. 특히 우리 모두가 서로의 존재를 비추어 주는 빛으로서 몸이 될 수 있다는 견해는 참 감동적이다. 또한 사르트르는 우리의 '몸'이 타자의 존재를 의식하는 센터로서 타자를 둘러싸고 있는 세계를 유기체적으로 구성하고 통합하며 의미를 만들어 줄 수 있다고 하였다. 이러한 타자를 위한 의식의 통합적 작업은 우리로 하여금 서로를 위한 자유와 선택을 하게 하고, 서로의 몸을 책임성 있는 존재로 세워줄 수 있다는 주장이 되어 무척 고무적인 견해가 아닐 수 없다.(Sartre, 1956, p.47)

지금까지 현상학의 운동을 시작한 에드문트 훗설과 마르틴 하이데거 그리고 쟌 폴 사르트르의 주장들을 정리하여 이들이 메를로-퐁티의 몸의 현상학 형성에 영향을 준 주요 개념들을 살펴보았다. 이제 이들의 사상들이 어떻게 몸의 현상학 안으로 전달되어 오늘날 몸의 담론 형성을 마련하는 기반이 되었는지 살피고, 더 나아가 특별히 비블리오드라마의 현장을 분석하기 위한 해석의 기반을 마련하고자 한다.

3

체현(Enactment)의 삶

메를로-퐁티(M. Merleau-Ponty, 1908-1961)는
훗설과 하이데거를 통하여 형성된 현상학의 관점들을 비판적으로 수용하여
'몸'의 현상학으로 통합시킨다.

현상학의 과제는 순수의식 자체에서 멈추기보다는 구체적인 삶의 현장에서
실존적인 현상학을 논하는 것이라고 본다.

이런 의미에 있어서 그는 현상의 의미를 '몸'에서 찾는다.

메를로-퐁티에게 있어서 '몸'은 '현존재'를 드러내는 가장 실제적인 것이며
'몸'의 실존을 살펴 나갈 때 모든 현상하는 것들의 의미를 구성할 수 있다.

육화된 세계

메를로-퐁티(1908-1961)는 훗설의 현상학적 방법을 따라 자연주의와 과학적 합리주의의 맹점을 비판하며 세계를 있는 그대로 기술하는 방식을 수용한다. 과학적 자연주의와 합리주의적 관념론이 각각 자부하는 인과론과 이성의 잣대는 정작 인간의 삶이 놓여있는 생활세계의 정황과 그것이 드러내는 의미의 본질을 제대로 보지 못하고 일반화하거나 섣부른 판단의 오류가 발생하기 때문이다.(Merleau-Ponty, 1945/1962, p.24) 그래서 그는 훗설의 제안을 따라 세계에 나타나는 현상들에 대하여 세계가 현상하는 그대로를 '지각' 하여 '기술하는' 방법을 택한다.(Merleau-Ponty, 1945/1962, p. 24) 그런데 그는 이전과 달리 현상의 의미를 제대로 밝히는 방법으로 '체현'(enactment) 을 제안한다.

몸이 체현한다

훗설에 의하여 시작한 현상학에 '몸'의 의미를 더하여 완성하려는 노력은 메를로-퐁티가 사르트르와 함께 이루고자 했던 소망이었다. 사르트르는 인간의 의식이 타자의 몸을 위한 것이라고 주장하여 몸의 중요성을 환기시켰는데 이는 철학의 초점을 정신작용에 집중해 온 이전의 학자들과는 완전히 다른 충격적인 시도였다. 하지만 메를로-퐁티는 사르트르가 '몸'에 대하여 반쪽 분량만 이해하고 있다고 비판한다. 사르트르에게 '몸'은 아직도 '의식'과 구별되는 것이고 의식의 활동에 있어서 '대상'으로만 존재하기 때문이다. 그렇다.

사르트르의 '몸' 이해는 의식의 작용에 있어 주체가 아닌 수동적인 객체에 머물 뿐이다. 거울에 비친 얼굴, 저울에 올려져 측정되기를 기다리는 몸에 불과하다. 몸은 인식의 대상일 뿐 자아처럼 의식의 주체가 아니다.

메를로-퐁티는 사르트르가 부여한 인간 생명체의 '몸'에 대한 수동적 객체성을 넘어서 '몸'도 의식의 주체가 될 수 있음을 강조한다. 그에게 있어서 '몸'은 '살아가는 몸'이다. 인식의 활동에 있어서 대상으로만 머물지 않고 적극적인 지각(perception) 활동으로 참여하는 '주체'이기도 하다. '몸'은 거울에 비친 몸(대상)을 바라보는 몸(주체)이며 저울 위에 올려진 존재의 무게를 경험하는 자아를 담고 있는 몸이다. 몸은 의식의 대상이 되기 전에 이미 그 대상을 지각하는 주체로서 존재한다. 왜냐하면 의식을 담당한다는 머리 역시 몸(신체)에 속한 일부분이기에 모든 정신작용을 역시 몸의 작용으로 본다. 몸이 머리보다 앞서는 것은 모든 의식과 반성(reflection)의 정신 작용이 몸의 지각작용이 선행될 때 시작되기 때문이라고 주장한다.

또한 '살아가는 몸'(the living body)은 세상을 인식하는 데 있어서 주체가 될 뿐 아니라 세상의 현상에 '참여하는' 몸이다. 곧 체현(enactment)하는 몸이다. 체현(enactment)이란 '몸'이 세상과 하나 된 육화의 상태로 세상이 현상하는 것에 참여하며 동시에 그 현상을 몸으로 경험하는 행위를 말한다. 곧, '살아가는 몸'(the living body)으로서 세상과 합류하고 세계 안에서 다른 존재들과 상호작용을 하며 세상과 함께 의미를 창조함을 말한다. '체현하는 존재'로서 인간은 이렇게 세상과 더불어 '육화'(embodiment)되어 세상의 현상에 참여하고 있다고 본다. 그의 주장을 살펴보자.

인간 생명체는 세상에 몸으로 참여하며, 세상 안에서 몸으로 세상을 드러낸다(현상). 따라서 이 모든 일에 몸으로 참여하는 주체요 동시에 객체인 것이다.(2002, p.25). 이렇게 몸은 세계와 함께 하나로 살아 숨 쉬는 연합체(the lived unity)가 되어 세계가 현상(체현)하는 것에 함께 참여하고 또한 현상 그 자체가 된다.[40] 곧, 육화된 세계(the embodied world)안에서 체현(enactment)하며 존재하는 실존의 삶을 사는 것이다(1962, p.88-89).[41]

인간 생명체의 '몸'은 이렇게 세상에 '육화'된 상태로 참여하여 세상과 상호작용을 하는 인간의 삶 전체, 그 존재를 드러내는 작용을 한다. 세상과 육화되어 세상을 '살아가는 몸'(the living body)이며 세계-내-존재로서 세상 안에서 다른 존재들과 함께 상호작용을 통해 무언가를 행위로 표현하고 세상의 현상에 참여하는 실체이다. 세계와 연합하여 세계-내-존재됨을 체험하며 또한 세상과 함께 자신을 드러내는 현상 자체라고 말한다.[42]

몸이 실존한다

여기에서 메를로-퐁티는 몸이 인간의 실존임을 강조한다. 인간의 마음과 몸은 세계와 육화되어 있고 세계-내-존재로서 세상이 현상하는 것에 참여하기에, 인간 실존의 가장 원초적인 자원이다. 그리고 하이데거가 말한 것처럼 인간 실존의 일부가 아니라 인간의 삶 전체를 드러내는 실존 자체라 한다.

"몸은 실존을 상징화 한다. 왜냐하면 몸 이야말로 인간을 존재로 가져오게 하는 것이며 또한 존재를 실제화 하는 것이기 때문이다. 몸으로 존재한다는 것은 이미 '나'를 통하여 일어나고 있는 것이며 '나'가 세계 안에 진정으로 존재함을 보여주는 것이다. 몸은 실존의 가장 원초적인 자원이 된다. 몸은 그러한 존재적 차원이 가능하다. 몸은 더 나아가 우리의 존재가 세계 안에서 세계와 가장 일치된 모습 그 자체로 보아야 한다."(1962, p.164-165)

메를로-퐁티는 몸이 세계-내-존재가 되는 것은 감각기관을 통해 세상을 경험하고 육화된 상태로 어우러져 세상을 체험하는 데서 드러난다고 본다. 그리고 세계와 끊임없이 교류하는 능동적인 활동을 통해 세계와 분리됨 없이 세계의 현상에 참여하는데 이것이 바로 육화된 마음, 몸, 세계가 함께 이루어 내는 운동이 된다고 보았다.(Merleau-Ponty, 1962, p.24).[43]

이러한 육화된 세계의 원리를 보여주는 쇼가 최근 TV 프로그램 〈유퀴즈〉에 "종이비행기 날리기 대회" 특집으로 방영된 적이 있다. 우리는 보통 종이로 만든 비행기를 가지고 얼마나 오래 그리고 어디까지 날게 할 수 있을까? 뛰어난 재주꾼이라면 약 5-6미터 정도를 날릴 수 있을 것이다. 하지만 보통 사람의 종이비행기는 약 2-3미터 정도 비행하는데 그것도 금방 제자리로 되돌아와 발 앞에 떨어지기 십상이다. 하지만 지난해 세계 종이비행기 대회의 우승자는 무려 66미터까지 종이비행기를 날리며 세계 신기록을 세웠다고 한다. 인터뷰에 응한 그 챔피언이 말하기를 그 비결은 종이비행기로 하여금 바람과 잘 어우러져 날아가게 하는 것이라고 한다. 방송을 통해 직접 시범도 보여줬다. 그가 날린 종이비행기는 무려 약 24초 (짧은 것 같지만 종이비행기 날리기에서는 아주 긴 시간) 동안 공중 이곳 저곳을 비행하며 심지어 곡예까지 부리는 모습을 선보였다. 또한 잘 날지 않을 것 같은 모양의 종이비행기(예: 하트 모양)도 바람을 타고 잘 날았다. 가장 인상 깊었던 장면 중 하나는 종이비행기가 날아가 수박과 파인애플을 쪼개는 장면이었다. 공기의 흐름을 잘 타면 종이비행기가 이렇게 엄청난 파워까지 얻을 수 있는 원리가 작동한다는 것이다.(유퀴즈, "종이 비행기 대회 우승자,"TVN 2/15/2023)

공기의 흐름을 읽어 그 흐름에 종이비행기를 맡기고 기류와 하나가 되게

할 때 이런 신기한 일이 일어난다. 지금 현재 전 세계 창공을 날아다니는 거대한 기계, 제트 비행기의 비행 방법도 마찬가지라고 한다. 어떻게 그렇게 무거운 물체가 하늘을 날 수 있을까? 그 크고 무거운 비행기들이 하늘에서 추락하지 않고 장거리를 오고 갈 수 있는 이유는 엔진의 힘도 작용하지만 비행기가 대기권 공기와 조화를 이루며 비행하도록 작동하기 때문이라고 한다. 이 세상의 모든 물체, 액체, 기체에는 그 안에 흐르는 에너지의 흐름이 있는데 그것이 환경과 잘 어우러져 교호하며 움직인다. 세계-내-존재로서 인간의 삶도 마찬가지가 아닌가? 인간은 세계와 하나로 움직인다. 세계의 기류를 타고 있는 것이다.

메를로-퐁티는 인간의 몸도 세계 안에서 세계와 함께하며 서로에게 영향을 주거나 받거나 하면서 함께 존재한다고 한다. 인간의 몸은 단순한 물리적 대상으로 전락되지 않는다. 몸은 세상을 경험하는 주체인 동시에 대상도 되는 범주이다. 우리 몸은 세상과 함께 육화(embodiment)되어 상호작용을 하며 서로에게 영향을 주고 움직인다(P. Moya. 2014).[44]

결과적으로 메를로-퐁티의 '체현하는 몸'의 현상학은 'Cartesian Dualism' 즉, 데카르트의 심신 이원론을 뒤집는 계기가 되었다. 근대 철학을 지배해온 데카르트의 주장은 모든 존재가 두 가지 범주 중 하나, 즉 정신 또는 육체 중 하나에 속한다는 논리로 물질과 정신세계를 철저히 구분하였고 정신을 물질보다 우위에 두어 강조해 왔다. 하지만 메를로-퐁티는 몸과 정신이 불가분의 관계에 있기에 분리되지 않는다고 한다. 그리고 몸은 정신에 비하여 저급한 범주가 아니다. 오히려 정신을 포함하여 움직이며 세계 안에서 경험하는 주체가 된다. 몸은 인식의 대상일 뿐 아니라 오히려 인식을 온전히 수행해 가는 주체이다. 몸은 '살아가는 경험' 그 자체로서 세상을 지각하는 일에 능동적으로 참여한다. 따라서 이러한 메를로-퐁티의 주장은 그동안 정신에 우선권을 두고 물질의 세계를 경시하던 정신우월론을 뒤집어 '몸'에 더욱 큰 의미를 부여하는 작업을 이루어 냈다.(S. Heinnämaa, 2003, p.23-48)

따라서 우리 인간 경험의 의미를 몸의 시각에서 찾는 작업이 중요 해진다. 인간 생명체가 세상 안에서 살아가며 세상과 교류하는 일이 '몸' 안에서 이루어지기 때문이다. 세상에서 인간 경험의 의미를 발견하는 과정 가운데 '몸'의 시각을 부인하고 종전처럼 '머리'의 관념론적 접근 방법을 고집한다면 인간의 실존에 대한 설명은 사라지고 공허한 탁상공론이 될 수 있다. 또한 자연주의의 인과론적 방법으로 모든 인간경험을 일반화하여 설명하려 든다면 인간 존재 내면의 심층적인 부분을 다루지 못하는 기계적 대응이 될 것이다.[45] 메를로-퐁티의 '체현하는 몸'은 이러한 측면의 결여를 보완하고 있다.

몸의 지향호

메를로-퐁티는 세상에 현상하는 것을 접하여 그 의미를 발견하는 현상학을 '머리'가 아닌 '몸'이 주도하는 '체현'(enactment)의 작업으로 만들어 간다. 왜냐하면 현상학이 탐색하는 '생활세계"는 '삶이 있는 세상'(the life-world)이므로 '머리'만이 아닌 '살아가는 몸'(the living body)이 참여하여 창출해내는 의미의 현장이기 때문이다. 그는 종전의 '관념'으로 세상을 추론하거나 규정하여 세상의 본질을 이해하던 방식을 넘어서서 신체로 어우러진 경험의 실제를 살피는 새로운 길을 열었다. 그렇다면 이러한 몸과 세계의 육화된 관계는 어떻게 시작되는 것일까? 몸과 마음이 세계와 하나가 되어 세상의 현상을 체현하는 이 작업은 무엇을 통해 가능해지는 것일까?

메를로-퐁티는 역시 '몸'에서 그 답을 찾는다. 그는 현상학의 원조 훗설이 주장한 '선험적 이성'에 따른 순수의식에 반기를 들며 세상의 현상에 대한 접근은 '의식의 지향성'에서 비롯되는 것이 아니라 '몸의 지향호'(intentional arc 혹은 지향호라 번역)에서 시작된다고 본다. 즉, 생명체인 인간의 몸에는 세계를 향하여 열린, 세계로 향하게 하는 지향적 소질이 있는데 이것이 인간 생명체의 움직임에 원초적인 기반이 된다. 바로 몸의 지향호가 수행하는 기능이다. 몸의 지향호는 인간의 신체가 세상을 향하여 감각 작용을 하고 이를 토대로 감각과 운동이 통합되는 동기를 만들어 준다. 그리고 감각과 운동의 통합은 우리 존재를 마치 활처럼 '휘게 하여' 세상의 상황에 맞는 위치를 찾아 그 상황에 가장 적합하게 움직일 수 있도록 대처하는 기능을 한다. (Merleau-

Ponty, 1945/1962, p.135-136)[46]

> 우리의 지성적 활동 기저에 더욱더 근본적인 기능이 도사리고 있음을 발견한다. 그것은 (세상에서 우리에게 나타나는) 대상들을 우리에게 더욱 친근한 것으로 경험하게 하는 것이다. 지향호는 우리의 의식, 인지적 활동, 열망들 그리고 지각적인 영역 모두를 휘어잡고 우리의 과거, 미래 그리고 현재 설정되어 있는 모든 것들을 고려하여 우리가 주어진 상황 가운데서 가장 적합한 형태로 휘어진 활 모양의 '호'(arc)처럼 움직일 수 있도록 하는 것이다."(1945/1962, p.136)

'머리'가 세상을 향한 지향성을 갖기 훨씬 이전에 '몸'이 우리 존재를 세상을 향하게 하고 세상과 접촉할 수 있게 한다는 것이다. 훗설이 말한 의식의 지향성을 넘어서는 지적을 하는 셈이다. 사실, 훗설이 말했던 의식의 지향성이란 단순한 인식의 작용에 불과하다. 인간의 의식이 세상의 현상을 향한다 하지만 세상과 교류하며 무언가를 통합시키는 작용은 아니다. 하지만 메를로-퐁티에 있어서 몸의 지향호는 몸의 감각으로 인한 지각 작용에서 시작하여 세상을 향하여 몸을 움직이게 하는 동력이 되며 세상과 접하여 세상과의 역동적인 행위를 이어가게 하는 기능을 갖는다. 지향호를 통해 우리 몸은 계속 세계와 연쇄 동작을 이어가게 되며 그 결과 세상과 함께 뭔가를 함께 이루어된다. 세계의 현상에 참여하는 것이다.(Dreyfus, 2002; 조광제, 2004, p.191)

그렇다면 지향호에서 비롯된 우리 몸의 움직임에 세계는 어떻게 역동적인 영향을 주는 것일까? 메를로-퐁티는 세계는 우리의 몸에 공간을 내어주고 이를 계기로 몸이 자신을 드러내 표현하는 일을 허용한다고 한다. 그 공간에서 우리 몸은 세계와 함께 감각-운동을 이어가며 세계와 함께 뭔가를 드러내는 일이다.

예술가가 작품을 제작할 때 취하는 무의식적이고 습관적 행위는 몸의 지향호가 상황적 표현 공간에서 세계와 역동적으로 행위 하는 좋은 예가 된다. 배지현(2015)은 메를로-퐁티의 지향호 이론을 기반으로 예술의 '표현적 교육과정'을 설명한 바 있는데 흥미롭게도 예술가의 작업공간이 몸의 지향호에 의해 형성됨을 설명한다.(p. 21-44) 예술가가 캔버스에 자신의 작품을 담아내는 과정은 몸이 세계와 상호교류를 통해 만들어 내는 세상과 연결된 행위라는 것이다. 예술가는 세계를 지각하고 접하면서 자신의 몸에 담긴 행위의 습관과 기억, 그리고 세상의 문화와 역사가 형성한 무의식을 안고서 세상의 상황을 접한다. 그러면 캔버스의 세계는 예술가가 표현하고자 하는 것을 담아내며 예술가의 지각과 움직임을 따라 표현의 행위를 완성한다. 예술가의 작품은 세계를 향한 예술가의 몸이 세계와 조우하며 세계와 상호교류를 하여 함께 작품을 만드는 모습이라고 할 수 있다.

'몸'의 에포케

이처럼 메를로-퐁티의 현상학은 인간 생명체가 '살아가는 몸'으로서 세상(생활세계)에서 일어나는 현상을 체험하고 또한 세상과 함께 체현(enactment)하는 과정을 밝히는 작업이다. '머리'의 작용으로 현상의 의미를 구성해 내는 이전의 현상학을 넘어서서 몸의 실존을 이야기하며 현 세계와의 역동적인 관계 속에서 펼쳐지는 '몸의 현상학'이다. 물론 이전의 현상학자들이 세계의 현상을 밝히는 과정에서 모두 '몸'을 배제한 것은 아니었다. 훗설과 하이데거, 사르트르 모두 '몸'을 언급한 바 있다. 메를로-퐁티는 이들이 제시한 '몸'에 대한 이해를 확장한다. 몸이 현상학의 일부가 아니라 시작부터 끝까지 모든 과정에 주체가 되고 또한 객체가 된다고 본다. 그는 이전 현상학자들이 제시한 몸에 대한 담론을 다음과 같이 비판하며 자신의 현상학을 천명한다.

우선 메를로-퐁티는 훗설이 '몸'을 의식의 주체와 객체로 구분한 이분법적 생각에 반대한다. 훗설은 몸을 의식하는 주체로서의 몸 'Leib'과 의식의 대상인 물질세계의 몸 'Körfer'을 양분한 바 있다. 그리고 순수의식을 강조하기 위하여 의식의 대상으로서 몸보다, 의식의 주체인 자아가 담고 있는 몸 'Leib'를 더 강조했다. 하지만 메를로-퐁티에게 의식과 세계, 정신과 물질은 더 이상 구별되지 않으며 우열의 성질로 비교되는 양극체계가 아니다. 몸은 의식의 주체이며 동시에 객체(대상)이다. 몸이 없는 머리의 의식은 생각할 수 없으니 머리 혹은 의식의 작용은 실상 몸의 작용이다. 동시에 몸은 이미 세계에 참여하여 세계와 하나가 되어있기에 의식의 대상인 이 세계도 역시 몸이다.

그리고 메를로-퐁티는 세계 안의 존재가 '현상'하는 바를 과연 순수의식으로만 접근 가능할까 하고 질문을 던진다. 몸은 세계-내-존재로서 현상을 인식하는 과정에 참여하고 있기에 몸은 의식과 세계를 연결하는 다리의 역할을 하며 더 나아가 인간의 내면(의식의 주체)과 외부 세계(의식의 대상)가 함께 어우러져 실존을 경험하는 삶 그 자체이다. 따라서 몸은 순수한 의식만이 아닌 전인적인 존재로 세계와 육화된 실존을 살펴 세계의 '현상'을 삶의 실제로 참여한다. 따라서 세상에서 현상하는 것의 의미를 밝히려면 현상학적 환원을 통해 순수의식을 얻기보다는, 몸을 통하여 이미 육화된 의식과 육화된 세계가 함께 상호주관적으로 구성하는 경험을 살필 것을 주장한다. 이를 위해 우리가 지각하는 그대로의 '체현'을 기술해 나갈 필요가 있다고 주장한다.(Merleau-Ponty, 1944/1962, p.219) '머리'(의식)가 아닌 '몸'의 경험을 그대로 기술하는 '몸의 에포케'를 이루어 나가는 방식을 제안한 것이다.

또한, 메를로-퐁티는 '타자를 위한 몸'을 언급한 사르트르의 몸에 대한 담론도 넘어선다. 사르트르는 우리 자아의 의식이 타자의 몸을 인식하기 위한 것이며 대자(for-it-self)의 역할을 한다고 했다. 하지만 자아는 정작 자기의 몸은 의식할 수 없는 즉자(in-it-self)가 되어 결국 자기는 정립되지 않은 '존재 무'(Nothingness)를 경험할 뿐이라고 했다. 이는 하이데거가 말한대로 우리의 의식이 인식의 주체, 곧 존재자가 되기보다는 세계-내-존재에 집중할 뿐이라는 것을 강조하기 위함 이었다.

그런데 메를로-퐁티에게 사르트르의 주장은 맹점을 갖고 있다. 우리 의식이 타자의 몸을 위한다는 말은 타자의 존재 의미를 만들어 주기는 하지만 정작 타자의 존재를 객관적으로 규명해 줄 뿐 주관적으로는 타자와 무관한 것으로 남는다. 왜냐하면 자아는 타자를 대할 때 자신을 의식하지 못하여 자신의 존재는 무(無)이기 때문이다. 자신의 존재를 알 수 없으니 '세계'(혹은 세계의 대상)와 '나'(나에 대한 의식)는 결코 주관적으로 연결이 되지 않는다. 따라서 남의 아픔을 쳐다보며 그것에 어떤 객관적인 의미를 부여하기는 하지만 '나'라는 존재는 그것을 느끼지 못한다. '타자의 몸'을 인식하지만 정작 '나'를 인식할 수 없기에 타인의 아픔은 '나'에게 연결되지 못하여 그 의식의 대상과 무관하다. 세상에 대하여 객관적으로 인식하지만 세상의 아픔을 공감하지 못한다.

메를로-퐁티는 이러한 입장에서 사르트르가 의식이란 '타자의 몸'을 위한 것이라고 운운하는 것은 '몸'의 중요성에 대하여 단지 "반쪽만" 이해 하는 것이라고 주장한다.(류의근, 1997, p.280) '나'는 의식에서 빠져있는 존재 무(無)의 상태이고 이렇게 모든 이들의 몸은 자기가 존재 무(無)인 상태로 상대를 만나 정감 없고 공허한 관계만을 형성할 뿐이다. 사르트르가 몸을 이야기했지만 이렇게 공허한 몸의 이론을 남겼을 뿐이라고 한다. 그리고 그에게 아직도 의식과 몸이 분리된 이원론의 영향이 남아있기 때문이라고 비판한다.

메를로-퐁티는 한 가지 예를 들어 사르트르의 몸에 대한 생각을 뒤집는다. 그는 뇌를 다치어 '의식'에 손상이 있는 한 환자의 예를 들었다. 이 환자는 자기의 코가 어디 있는지 손으로 가리켜 보라는 의사의 지시에 따를 수 없는 상태였다. 의식의 작동에 손상이 있어서 자기 코가 어디 있는지 파악할 수 없었고 손을 의도적으로 움직여 코를 가리키는 일이 불가능했다. 하지만 어느 순간 환자의 코에 콧물이 가득 차게 되어 불편해지자 손을 뻗어 티슈를 집어 코를 풀고 콧물을 닦는 것이 아닌가? 자기 코가 어디에 있는지조차 의식하지 못하던 이가 코(신체)가 불편해지자 즉시 그것을 만지고 말았다. 의식으로는 할 수 없었던 일을 그는 신체의 자동반응으로 행하였다. 이 환자의 몸은 뇌 손상에도 불구하고 세계로 향하는 몸의 지향호가 작동하고 있었다. 의식에는 손상이 있었지만 그의 몸은 아직도 세상과 연결되어 있었고 몸의 지향호도 상황에 맞게 세상을 향하여 몸(손)을 움직여 세상(티슈)과 연결하는 일을 할 수 있었다. 이 예화를 통해 메를로-퐁티는 머리에 의한 의식의 작용이 상실된다고 하더라도 몸은 세상을 향하여 움직일 수 있음을 설명한다.(류의근, p.265) 세상을 향하여 우리를 움직이는 것은 우리의 순수의식이 아니라 몸이다. 몸에 의하여 움직이며, 몸으로 체험하는 육화의 작용을 경험한다. 뿐만 아니라 우리 몸은 세계를 향하며 움직이고 세계와 함께 상호교류를 할 뿐 아니라 우리 자신을 위하여도 세상을 끌어당기어 우리 자신에게 도움을 주는 상호주관적 일을 해내고 만다고 주장한다.

사실 우리는 이미 유아 때 몸을 가지고 세계를 향하여 우리 자신을 표현하며 우리 자신의 존재가치를 만들어 간다. 어린 유아 시절 우리의 '의식'이 아직 활성화 되어있지 않았을 때에도 우리 몸은 우리 존재 가치를 만들어 가는 일을 해왔다. 머리로 사태를 분석하고 대응 방식을 만들어 내기 전에 이미 몸으로 우리 자신을 세상에 드러내는 행위를 한 것이다.

오늘날 우리는 몸의 표현을 잃어가는 세대를 본다. 스마트폰과 전자기기로 소통하는 아이들은 페이스북 등의 소셜미디어(SNS)에서 자신을 드러낸다. 머리로 내리는 명령에 따라 온라인 동작을 행하는 이들이 많다. 그런데 머리로만 그렇게 주문한다고 해서 아이들은 괜찮은 것일까? 아니다 몸은 부정적으로 반응한다. 아래 글은 온라인 세대가 보이는 신체화 전환 증세를 대변한다.

"지금의 20대, 그 어떤 세대보다도 자기주장이 강하다고 일컬어지는 세대입니다. 하지만 지난 20년 동안 지속해서 젊은 세대와 소통해 온 제가 느끼는 것은 조금 다릅니다. 어쩌면 이들은 자신의 고통을 인지하고 그것을 표현하는 데에는 가장 어려움을 겪는 세대가 아닐까 합니다. 이들은 아주 어렸을 때부터 손만 뻗으면 닿는 곳에 있는 휴대폰과 함께 성장했고, 그래서 자신의 멋짐을 드러내는 것과 타인의 화려한 삶을 바라보는 것에는 익숙합니다. 하지만 멋짐과 화려함 이면에는 우리가 남들에게 드러내고 싶지 않아 하는 어떤 것들이 존재하지요. 삶의 고단함, 초라한 내면, 나도 어쩔 수 없는 나의 기질 같은 것들 말이에요. 그러나 내가 본 미디어 속의 사람들처럼 잘 나야 하고, 잘 해내야 하고, 좋은 모습을 보여주어야 인정받을 수 있다는 마음은 우리를 오히려 위축되게 합니다. 자기 안의 밝음도 어둠도 모두 끌어안는 법을, 미디어는 단 한 줄도 가르쳐 주지 않으니까요."("우울함에 식사를 거부하는 딸이 걱정됩니다" 한겨레 신문, 2023-2-11)

인간이면 모두 갖고 있는 몸의 지향호를 발휘할 기회를 아이들은 잃어가고 있다. 열려진 온라인 인터넷 공간을 향하여 머리의 지향성은 작동하고 있는지 모르지만 몸은 자유롭지 못하다. 몸이 아닌 머리로만 표현되는 세상, 그것은 참다운 세상과의 만남이 될 수 없음을 보여준다.

메를로-퐁티에게 있어서 몸 안에서 시작된 의식이 타자의 현상을 바라볼 때 그 타자는 단순히 의식의 대상으로만 존재하는 것이 아니라 의식의 주체인 자아가 이미 참여하는 존재이다. 왜냐하면 '몸'은 지각하는 의식의 주체요 세계-내-존재로서 세상 안에 있는 의식이기 때문이다. 자아는 타자와 '몸'을 통해 육화된 상태로 만나 서로를 공유한다. 타자에 대한 의식은 곧 나의 몸에 관련된 것이며 나의 몸과 세계는 서로 분리되지 않은 채로 공감하는 관계이다. 나의 몸은 타자의 몸을 의식하는 역할에 그치지 않고 타자와 하나가 되는 통일성을 이루어 타자와 분리되지 않으며 타자가 처한 환경 속에서 나오는 행동이 곧 나의 행동의 연장이 될 수 있다.

이러한 메를로-퐁티의 몸의 지향호 개념은 오늘날 심리치료계에서 주목하는 '몸'이 갖고 있는 '행위갈증'(action hunger)을 평행선적으로 이해할 수 있는 사상적 기반을 마련해 주었다.(T. Dayton, 2008, p.62)

심리상담 분야에서는 지금까지 '언어'를 주요 도구로 사용하여 내담자에게 도움을 주고, 이를 통해 합리적인 통찰을 이끌어내고, 그에 따른 감정의 정화와 행동 변화를 시도해왔다. 하지만 '머리'의 변화로 기대되는 내담자 삶의 변화 보다는 상담현장에서 내담자로 하여금 대안적인 '행위'를 먼저 시도하게 함으로써 찾아오는 효과가 더 크다는 사실이 주장되고 있다. 심각한 부부 싸움을 하고 있는 부부에게 서로에 대한 생각을 바꾸는 것을 목표로 한다면 많은 시간이 요구될 수 있다. 하지만 이 부부에게 간단한 행동을 실천하게 함으로써 짧은 시간에 감정을 컨트롤하고 생각도 변할 수 있는 기회를 제공할 수 있다. 예를 들어 부부치료에서 자주 사용하는 방법으로 토큰아웃이라는 행위 요법이 있다. 이 부부에게 싸움이 일어나면 누구든 먼저 '타임아웃'을 선언하게 하고 각자 방에 들어가 15분 정도 있다가 나오는 행동을 취하게 한다. 남편과 아내는 각자 각 방에 들어가 있는 동안에 마음을 진정하고 감정을 추수를 기회를 얻게 되며 그동안 자신만이 옳았다고 생각한 부분도 내려놓으려는 마음도 생길 수 있다. 간단한 몸의 움직임을 통해 생각과 감정의 변화를 이룰 수 있는 것은 참으로 놀라운 일이다.

상담이론 중에는 현실치료, 인지행동치료, 신체활용감각치료 등이 대표적으로 행위의 시도를 통한 그러한 효과를 맛보고 있다. 특별히 역할의 개선을 통해 삶의 환경을 변화시켜 나가는 사이코드라마는 인간이면 누구에게나 있는 '행위 갈증'(action hunger)을 자발적으로 경험하도록 도와 행위로 표현하고 현실을 직면할 용기를 경험하게 한다. 인간에게 몸이 동기화하여 드러나는 행위는 세상을 접하는 근원적 발단이 되며 세상과의 교류를 역동적으로 이루어 내는 계기가 된다.(이 점에 대하여 4부에서 비블리오드라마에서 볼 수 있는 몸의 지향호 현상을 다룰 때 더 살펴보기로 하자.)

정리하자면, 이 '몸의 지향호' 개념은 메를로-퐁티가 이전 현상학자들을 넘어서기 위하여 제시한 개념이라 볼 수 있다. 메를로-퐁티는 지향호 개념을 통해 훗설이 강조했던 현상학적 환원의 한계를 극복한다. '몸'이 주도가 되는 몸의 지향호가 자연스럽게 올라와 판단이 중지되고 세상의 현상 사태 그 자체를 몸으로 경험하게 하는 몸의 에포케를 이룰 수 있다고 본다.

그리고 몸의 지향호는 몸, 마음(정신)과 세계가 하나가 되어 세상의 현상을 함께 체험하며 그 의미의 본질을 밝힐 수 있게 하여 오랜 서구세계 심신이원론의 전통을 넘어선다. 정신과 물질은 구분되지 않으며 하나로 육화되고 발현하며 현상하는 것의 의미 역시 육화된 몸-마음-세계, 곧 "체험되는 몸"을 통해 규명되는 것이다.

상호신체적 주관성

메를로-퐁티의 '살아가는 몸'은 세계-내-존재로서 다른 세계-내-존재들과 함께 관계를 맺으며 세계 안에 존재함(being-in-the world)을 실현한다.(Merleau-Ponty, 1945/1962, p. 24) 그리고 세계-내-존재인 타자들 역시 '몸'의 존재로서 '나'의 몸을 만나는 까닭에 나의 '몸'은 다른 '몸들 가운데 있는 몸'(a body-among-bodies)이 된다. 이렇게 될 때 '몸들 가운데 있는 몸'은 역시 타자들과 함께 상호 의식의 대상이 되는 동시에 의식의 주체가 되어 함께 현상을 체현하고 공유하는 상호신체적인 존재가 된다. 메를로-퐁티는 이를 가리켜 마치 우리가 우리 몸 안에 "타인을 잉태하고 있는" 모습과 흡사하다고 말한다.(1960, p.181) 세계 안에서 우리의 존재는 이처럼 서로 다른 이들과 삶을 나누며 세계-내-존재들로서 '상호신체적' 관계의 행동양식으로 살아간다는 주장이다.

신체도식

따라서 메를로-퐁티의 현상학에서 현상 즉 우리에게 '드러나 나타나는 세계'란 개별적인 자아의 주관적 의식에 의한 결과물이 아니다. '의식'이 아닌 '몸'의 지향호에서 시작된 세계를 향하는 육화된 몸이 세계 안에서 자리를 잡고 세계와 상호신체적 주관성(the Intercorporeal Subjectivity) 관계로 드러내는 체현이다.(1962, pp.98-99) 이때 신체도식이 중요한 역할을 한다. "신체도식"(corporal schema; schéma porel)이란 몸의 지향호를 따라 우리 몸이 세계 안에 위치하여 세계와 함께 교류하게 될 때 몸이 이러한 상호신체적 행동으로 표현하는 방식을 말한다.(Merleau-Ponty,1945, p.168)[47] 지향호가 우리의 '몸'을 세계로 개방하고 세계의 몸들과 상호 교호하여 타자들과 상호신체적 실존의 삶을 가능하게 하는 내재된 기능이라면 신체도식은 지향호의 명령에 따라 세계를 향한 행동을 구체적으로 표현하는 방식이다. 신체도식을 통해 우리의 몸은 세계 안으로 개방되고 세계의 몸들과 상호신체적 관계의 행위를 계속 이어가게 된다.(1945/1962, p.101)

신체도식의 활성화를 설명하기 위하여 메를로-퐁티는 자기가 15개월 된 아기와 나눈 몸의 상호작용 경험을 예로 들어 설명한다. 어느 날 그는 아기 앞에 가만히 앉아 바라보다가 아기의 손가락 하나를 자기의 입으로 가져가 마치 이빨로 살며시 깨무는 것처럼 행동했다. 그러자 아기도 메를로-퐁티를 따라서 손가락을 가져다 자기 입(아기의 입)으로 무는 동작을 보였다. 그리고 메를로-퐁티의 얼굴 표정과 비슷하게 아기도 표정을 짓기 시작하였다. 그 아기는 아직 거울에 비치는 자기 얼굴조차 인식하지 못하므로 타자의 행동을 머리로 생각하여 의도적으로 따라 할 수 있는 의식 수준이 아니었다. 하지만 아기는 몸으로 상황을 감지하며 자기 앞에 있는 사람의 행동에 자극을 받아 마치 신체 반사적으로 행동하듯이 움직이고 있었다. 아기의 몸은 자기 손가락을 무는 입을 감지하면서 그 상황 속에서 몸이 작동하여 자기 손가락을 입에 넣는 행위의 표현에 참여하였다. 메를로-퐁티는 아기의 신체도식이 그러한 행동을 취하게 한 것으로 보았다.(1962, pp.352-353)

메를로-퐁티는 이 실험을 통해 몸이 움직이는 것은 꼭 머리가 명령을 내려야만 가능한 것은 아니며 오히려 몸이 먼저 작용하여 상황에 대한 암묵적 알아차림과 함께 행동으로 이어진다고 주장한다.(2012, p.367) 즉, 우리 인간은 몸 안에 있는 지향호를 통해 세상을 지각하며 자기의 몸과 타인의 몸이 상호신체적으로 어우러지는 일을 시작하는데 이는 타인의 의도하는 바를 머리가 객관적으로 파악하기 전에 행동으로 옮겨가게 한다는 것이다. 몸이 머리보다 먼저 주관적으로 타인을 먼저 감지하여 취하는 행동인데 이를 통해 한 사람의 주관이 다른 사람의 주관으로도 이어지며 상호작동의 행동관계를 이룬다고 본다.(2012, 190-191)

그는 이를 가리켜 우리 몸의 상호신체적 주관성이라고 명한다. 우리의 '몸'이 세계-내-존재로서 세계 안의 다른 사물이나 존재들과 마치 직물처럼 밀접하게 맞물려서 그 안에서 있는 모든 존재들과 주관적 세계를 함께 나누며 상호주관적 교류의 행동을 하는 것을 말한다. 우리는 세계의 기본적인 구조를 수용하며 살아가는데 동시에 이런 방식을 통해 세계가 계속 구성되어 가는 과정에 참여한다.(2012, p.338-341)

따라서 세계와 그것이 드러내는 의미는 이미 세계 가운데서 상호주관적으로 "살아가는 몸'(the living body)에 의하여 지각되고 경험되며 새롭게 구성되는 실존의 경험이라 할 수 있다. 최근 표현예술치료에서 취하는 상호 '몸 반응법'이 이러한 상호신체적 주관성으로 이루어지는 세계 구성과정을 잘 설명해 준다. 표현예술치료의 상담 현장에서는 회기 중 내담자가 어떤 동작을 취하면 상담자 역시 자신의 신체로 반응한다. 이 반응은 내담자의 동작에 대하여 공감하는 자세와 몸짓을 보이고 또한 특별한 동작에 대하여 상담자 자신의 심미적 반응을 표현하기 위함이다. 그러면 이러한 '몸'의 제스처와 움직임이 상호관계의 동작으로 이어진다. 내담자의 동작이 하나의 심층적 표현이 되고 상담자가 그것에 신체적 피드백의 동작 반응을 계속 이어감으로써 상호신체적 주관성을 주고받는 대화의 장이 열린다. 상담자는 내담자의 몸짓을 마치 거울로 비추듯 자기 몸 동작으로 보여준다. 내담자의 동작에 대하여 더 해주기, 강화하기, 혼합하기 등의 기법으로 반응하기도 한다. 그리고 어떤 제안을 몸으로 표현하기도 한다. 이렇게 '몸'으로 상호작용을 이끌다 보면 점점 심층적으로 내담자의 내면세계로 들어가게 되는데 내담자의 몸이 자발성이 충일해지면 자신의 내면 세계를 신체 은유로 표현할 수 있는 기회로 이어지게 된다. 이 때 상담자는 내담자에게 자기의 몸 동작에 관련하여 올라오는 느낌이나 이미지를 찾아 그것에 충분히 머물게 한다. 그리고 계속해서 자신의 마음을 담은 은유의 동작을 신체부위로 표현하도록 강화한다. 미움을 나타나는 듯한 눈 부라림의 동작 혹은 감사가 표현되는 얼굴의 볼 모양 표현하기 등이 그 좋은 예이다. 물론 상담자는 내담자의 이러한 동작 표현에 계속 반응하며 치료의 과정을 이어간다.(임용자외,2016, p.171)[48] '몸'의 상호신체적 반응은 이처럼 인간 치유를 돕는 현장에서 큰 도구가 되고 있다. 아니, 이미 우리 삶의 현장에서 비언어적인 상호신체적 몸짓이나 동작으로 서로 소통하고 치유하는 몸의 표현을 하고 있다고 할 수 있다. 메를로-퐁티의 말을 빌려 표현하자면 신체도식을 활용한 상호신체적 교류를 우리는 일상에서 실행하고 있는 것이다.

살(chair 영: flesh): 상호신체적 환경

메를로-퐁티는 우리의 몸이 이렇게 신체도식을 통해 세계-내-다른 존재들과 함께 만들어가는 새로운 환경을 가리켜 '살'(chair; flesh)이라고 명명한다.(M. Merleau-Ponty, 1964A, 142) '살'은 몸이 주위 환경과 관계를 맺고 그 관계에 의하여 만들어지는 만남의 영역이며 생명체가 세계와 함께 공통으로 공유하는 영역이라 할 수 있다.

이러한 '살'의 영역 경험을 메를로-퐁티는 왼손을 붙잡고 있는 오른손의 경험으로 설명한다. 오른손이 왼손을 붙잡을 때 오른손은 왼손을 지각하는 주체가 된다. 그리고 왼손은 오른손에게 지각의 대상이 된다. 그런데 오른손과 왼손은 교차적으로 서로 감지하는 관계에 있으므로 교차 횡단이 이루어져 왼손이 오른손을 붙잡고 지각하는 주체가 될 수 있으며 이때 오른손은 왼손의 지각 활동의 대상이 된다. 이처럼 생명체와 세계는 상호신체적으로 만나 서로 보고-보이며, 만지고-만져지는 가역적 관계를 이루는데 이 세상의 수많은 세계-내-존재들이 마치 직물처럼 서로 이러한 관계망 속에서 상호교류의 세계를 형성해 살아가는 것이다. 이것이 바로 '살'의 모습이다.(M. Merleau-Ponty, 1964A, 142)

'살'은 이처럼 세계-내-존재들이 몸으로 서로를 공유하는 영역이다. 이 영역에서 생명체는 자기를 사물화하고 사물을 또한 나로 받아들이는 운동을 한다. 나의 몸은 능동적인 운동을 통해 사물과의 접촉하여 연장되며 사물 역시 수동적이지만 나의 몸과 접하면서 나의 몸과 어우러져 연결되는 기회를 얻는다.(서동욱 외 11인, 2014. p. 123-124) 연주에 몰두하고 있는 피아니스트의 모습이 이런 '살'의 공유 영역을 보여준다. 연주자들은 종종 피아노를 한참 연주하다 보면 자기가 피아노를 치고 있는 것인지 피아노가 자기를 움직이고 있는 것인지 모르겠다는 말을 종종한다. 그들은 지금 연주되고 있는 피아노의 멜로디가 단순히 건반을 두드려 나온 소리들의 합이 아니라 연주하는 동안 주변의 모든 것들이 통합적으로 작용하여 무언가를 함께 창조하고 있음을 느낀다고 말한다. 연주자와 피아노를 포함하고 있는 공간 그리고 그 안의 모든 사물들이 함께 상호신체적으로 서로를 공유하며 음악이라는 의미를 창출해 내는 것이다. 바로 이것이 '살'의 영역이다. 이는 숲속에서 내가 숲을 바라볼 때 오히려 숲이 나를 바라보고 있다고 느끼는 느낌이며 꿈속에서 나비를 보는데 내가 나비를 보고 있는 것인지 나비가 나를 보고 있는 것인지 분간할 수 없다고 말한 장자의 꿈(The Butterfly Dream)과도 같은 것이다. '살'(flesh)은 이렇게 우리의 '몸'이 세계 가운데서 다른 존재들과 공유하며 살아가는 존재 방식이며 이를 통해 '몸'은 세상의 다른 '몸'들과 물질적 흐름의 연속을 이루어 계속 상호 연결된 구조를 이어간다.[49]

메를로-퐁티는 '몸'이 세계를 향한 내적인 방향성(지향호)에 따라 움직이되 세계를 만나 몸짓(신체도식)으로 반응하며 세상의 몸들과 함께 하나가 되어 움직여 결국엔 '살'이라는 공유 영역을 만들어 냄을 주장한다. 생명체의 몸'이 마음 그리고 세계와 함께 육화 (embodiment)되어 뭔가를 창조하고 드러내 표현하는 현상의 주체가 된다는 것이다. '몸'의 현상학은 이렇게 세상 속에서의 '몸'의 실존을 살피며 또한 '몸'이 세상에서 현상하는 것의 의미를 찾는다.

'행위'의 구조와 변혁

그렇다면 상호주관성의 존재로서 인간의 '몸'은 세계가 현상하는 것에 구체적으로 어떠한 작용을 통해 의미를 전달할까? 앞서 언급한 대로 메를로-퐁티는 우리의 몸은 지향호를 따라 '세계로-향한-존재'(being-to-the world)임을 드러내고 신체도식을 통해 표현한다고 주장한다. 그리고 이 표현은 '살'의 행위로 세계의 타자들과 공유되어 나타난다고 한다.(Merleau-Ponty, 1942/1963, 97) 행위는 이렇게 인간 존재 안에서 동기화되고 세상과의 상호작용을 통해 준비되고 구조화되어 세상과 함께 표현되는 현상이다. 즉, 외현화된 체현의 모습이라 할 수 있다.

우리 자신과 세계가 연결되어 있는 행위의 예를 들어보자. 우리가 자전거를 처음 배울 때 이미 자전거를 잘 타고 있는 사람들이 도와주겠다고 이것저것 가르쳐 줄 수 있다. 손잡이를 잡는 방법, 페달을 밟는 속도, 바퀴가 돌아가는 원리 그리고 전체 균형을 잡는 방법 등을 말로 설명해 준다. 그런데, 그 좋은 정보를 듣고 '머리'에 저장하면서 '정신'차리고 조심스레 자전거를 타보겠다고 마음을 굳게 하고 자전거에 오르지만 자전거가 원하는 대로 움직이지 않는다. 자전거가 낯설게 느껴진다. 그래서 이리저리 우왕좌왕 하다가 넘어지기도 한다. 하지만 여러 번 실패를 맛보다가 보면 어느새 자전거가 우리 몸에 익숙해진다. 그리고 어느 순간 자전거가 앞으로 나아갈 때 희열을 느낀다. 결국 해낸 것이다. 우리가 자전거를 탈 때 머리로 타는 것이 아니라 몸으로 타는 것이다. 나와 나의 몸 그리고 자전거가 하나가 되어 세상 한복판에서 움직여 앞으로 나아가는 것이다. 몸의 지향호는 이렇게 자전거를 향해 몸을 움직여 자전거 타기에 적합한 곳에 나의 몸을 위치시키고 자전거와 조화를 이루도록 돕는 몸의 내적 기반이다. 이렇게 내가 세상 한 가운데서 뭔가를 하도록 준비되었을 때 이제 신체도식이 작동하여 나의 팔과 다리, 그리고 온몸의 균형을 잡으며 나의 행위를 세상에 드러낸다. 나의 몸과 세상이 한데 어우러져 새로운 존재 경험, 행위의 구조화를 이루어 내는 것이다.

이처럼 인간 행위의 "구조화"는 우리의 몸이 세계와 만나 조화를 이루며 우리가 아닌 것들을 받아들이고 소화해 가는 과정 가운데 습관과도 같이 만들어지는 행동의 틀을 말한다. 자전거를 타든 방법을 처음 깨달은 후에는 예전과 다르게 우리의 몸이 자전거 위에서도 균형을 잘 잡고 앞으로 나아가는데 이것이 바로 행위의 구조화가 이루어진 모습이라 할 수 있다. 이 틀이 구축되면 우리 행위는 점차 더욱 구조화되며 세계 안에 우리가 존재하는 방식을 타자들과 공유하게 된다. 우리의 몸은 이처럼 행위의 구조화 아래 습관처럼 실존하여 세상과 함께 체현한다.(Merleau-Ponty,[50] 1942/1963, 97)

메를로-퐁티는 전쟁 중 사고로 팔을 잃은 어느 병사가 보이는 '환각지'의 예화를 통해 구조화된 행위를 설명한다. 이 병사는 전쟁터에서 전투를 하던 중 한쪽 팔이 잘려 나간 상태로 병원에 실려와 치료를 받고 있었다. 그는 자신의 팔이 잘려 나가 보이지 않는데도 불구하고 그 특정 부분인 '팔'이 아프다고 통증을 호소했다. 이 같은 통증은 데카르트의 코기토 관점에서는 받아들이기 힘든 내용이다. '인간의 생각하는 자아(나)는 신뢰할 만한 이성을 가진 주체이기에 나의 의식은 의심할 여지가 없는 것이어야 한다. 그런데 의식의 타당성과 명증성이 떨어지는, 의식의 하소연이 시작된다. 병사는 떨어져 나간 팔이 몸에 더 이상 붙어있지 않다는 사실을 의식으로 알고 있음에도 불구하고 자신의 팔이 통증을 일으킨다는 것이다. 합리적인 이성의 작용으로 인식하기 어려운 일이다. 팔이 떨어져 나가 몸에 붙어있지 않은데도 팔이 아프다고 한다. 왜 일까? 메를로-퐁티는 통증이 의식이 아닌 몸에서 비롯되는 것임을 상기시킨다. 여기서 통증은 몸에 붙어있던 팔이 전달하는 것이 맞다. 의식이 전하는 것이 아니다. 이 병사는 자신의 팔이 이전에 몸에 붙어있었던 방식(행위 구조화) 그대로 몸과 교호하며 아픔을 호소하였던 것이다.(1962, pp.80-81)

메를로-퐁티는 이렇게 우리의 삶 가운데는 형성되는 행위의 구조화는 인지적 혹은 '머리'의 의식적 작용으로만 설명할 수 없다고 한다.(류의근,[51] p.142-143) 이 병사의 '몸'은 이전에 그의 팔이 자기 몸(세상)에 위치하여 (situated) 행동하던 방식 그대로 몸의 경험을 표현하며 아픔을 호소한 것이다. 즉, 팔이 세상과 관계하던 방식 그대로 자신과 세계의 관계를 지속하려는 모습을 보였다. 우리의 몸은 이처럼 의식이 아닌 몸의 지향호를 따라 세상을 향하며 세상에서 몸의 위치를 확보하고 신체도식으로 행동을 표현하며 구조화된 행위의 틀을 따라 의미를 표출하고 있는 것이다.(1962, pp.80-81)

하지만 이러한 습관의 틀 역시 영원한 것은 아니다. 사람들은 새로운 상황 속에서 도전 받을 때 그것에 맞는 의미를 찾아 새로운 행동을 취한다. 변화와 변혁의 과정을 거치며 새로운 의미를 얻게 되며 그것에 의하여 새로운 행위의 구조화를 이룬다. 고등동물일수록 더욱 고차원적인 행동을 이루어 간다. 특별히 인간 생명체가 하는 행위의 구조화는 주어진 상황에 맞는 놀라운 즉흥성을 보이며 그 결과 아주 창조적인 표현을 이루어 낸다. 메를로-퐁티는 이를 침팬지와 사람을 비교하는 실험을 통해 보여주었다. 침팬지가 있는 방 안에 맛있는 바나나가 높은 천장에 걸어 놓았다. 침팬지는 바나나를 얻으려 고 그 높은 지점에 도달하는 방법으로 네모난 상자들을 활용하였다. 상자들 을 층층이 쌓아 가는 방법으로 천장에 닿아 바나나를 잡을 수 있을 때까지 같 은 동작을 계속 취하였다. 고등동물로서 할 수 있는 놀라운 행동을 보인 것이 다. 그런데 침팬지에게 있어서 그 네모난 상자들은 단지 높은 곳에 오르기 위 한 목적으로 사용되었을 뿐이다.(고정된 의미) 인간처럼 그 상자들을 가지고 의자 삼아 쉬어간다든지 재미있는 놀이를 위한 도구로 변형시키는 행위를 하 지는 못했다. 침팬지와 비교할 때 인간의 행동은 변화무쌍하며 매우 창조적 이다. 새로운 행동이 필요함을 즉흥적으로 느낄 수 있으며 결국 기존 행동 패 턴을 넘어서서 새로운 행동을 통해 새로운 환경을 창조한다. 그리고 새로운 환경과 조화를 이루며 또 다른 새로움을 향해 나아갈 자세를 취한다. 인간은 새로운 상황과 도전 속에서 그것에 맞는 의미를 찾아 행동하며 이러한 방식 으로 행위를 통해 창조물을 만들어간다. 메를로-퐁티는 이러한 인간의 창조 적 행위를 들어 하이데거가 천명한 현존재의 '기투성'과 같은 것으로 보았다. 창조는 존재의 의미를 재구성하는 것으로 보았다. 물론 의식의 작용만으로 이러한 창조를 이룰 수 없다. 새로움은 온 '몸'으로 얻어낼 수 있는 신기한 경 험이다. 인간 생명체는 세상을 향하고 세상 안에서 조화로운 삶을 찾아 상황 에 맞게 행동의 구조화를 이룬다. 그리고 또 계속되는 세상의 도전에 맞추어 자기 몸의 습관처럼 형성된 행동의 구조를 변화시켜 새로운 구조화를 통해

창조의 일에 계속해 나간다.(Merleau-Ponty, 1945/1962, 144)

"체험되는 몸"(the living body)으로 대변되는 메를로-퐁티의 '몸'의 현상학은 인간 생명체가 몸의 지향호를 통해 세계를 향하여 움직이고 신체도식을 통하여 즉흥적이고 창조적인 행동구조를 만들어 나갈 수 있음을 강조했다. 따라서 이 세상에서 나타나는 현상의 의미를 알기 위해서는 그것에 창조적으로 참여하고 있는 우리의 육화된 몸과 마음을 발견하는 데서 시작하는 것이 필요하다.

체현의 의미

앞에서 메를로-퐁티가 어떻게 훗설 이후 하이데거와 사르트르의 현상학적 견해를 통합시켜 '몸'의 현상학을 형성하는지 살펴보았다. 메를로-퐁티는 '체현'(enactment 몸으로 세계에 참여하고 세계-내-존재들과 함께 움직이며 의미를 창조하여 현상하는 행위)의 방법으로 몸의 현상학을 제시했다. 그 주요 개념들을 정리하자면 다음과 같다.

몸은 인간 경험의 주체이자 객체이다

'몸'은 '정신'에 비하여 저급한 범주로 여길 수 없으며 정신적인 작용의 대상, 즉 의식의 객체(objects)로만 머물지 않는다. 몸은 오히려 정신을 포함하는 경험의 주체가 된다. 몸은 '살아가는 경험' 그 자체로서 세상을 지각하며 세상을 향하여 능동적으로 참여해 세상을 경험하는 주체이다.[52] 따라서 정신과 물질은 구분되지 않으며 정신은 몸과 세계 안에서 육화되고 발현된다. 육화된 존재로서 생명체의 몸은 세계와 함께 행위를 드러내며 세계가 현상하는 것에 참여한다.[53]

세상을 향하여 움직이게 하는 '몸의 지향호'

'몸'은 '머리'가 세상을 향한 지향성을 갖기 훨씬 이전에 먼저 우리 존재를 움직여 세상을 향하게 한다. 따라서 의식의 지향성이 아니라 몸의 지향호가 인간 생명체로 하여금 세상을 향하게 하며 세상에서 위치를 잡고 그 공간과 상황에 맞게 감각-운동을 펼치어 세계와 교호하게 한다. 이로 인해 인간 생명체는 세상과 함께 연합하여 육화(embodiment)된 상태로 신체도식을 형성하고 행위를 표현하며 세상에서 '살아가는 몸'(the living body)으로서 세계와 함께 하는 자신을 드러내는 현상의 주체가 된다.[54]

상호신체적 주관성과 신체도식

우리 생명체는 '살아가는 몸'으로서 '삶이 있는 세계'(the life-world)를 지각하고 그 안에서 다른 존재들과 함께 상호관계를 이루며 실존의 삶을 현현한다. '살아가는 몸'은 타자에게 의미를 전하는 몸인 동시에 세상을 끌어당겨 자기 자신을 돌보고 실현하는 몸이기도 하다. 세계-내-존재로서 이 '몸'은 세상과 상호 연결된 관계로 행위하며 이로 인해 '살'의 영역이 발생하게 된다. '살'이란 세계-내-존재들인 몸들이 서로 주체와 대상으로 참여하며 감각적으로 서로를 횡단하고 교차의 경험을 하는, 상호주관적인 공유의 영역(intermonde)을 말한다. 몸은 이 '살'을 통해 서로의 주관적 세계를 공유하고 공감하며 주어진 상황에 따라 새로운 행위를 창조해 표현한다.[55]

행위의 구조화와 변혁으로 창조되고 표현되는 의미

인간 생명체는 '살'의 영역을 공유하는 다른 존재들과 더불어 행위를 표현할 때 이 행위는 주어진 상황과 조건 아래 습관처럼 구조화된다. 하지만 또한 끊임없는 자기 변혁을 통해 새로운 의미를 규명하고 새로운 행동을 창조할 수 있다. 이는 세계-내-존재로서' 살아가는 몸'이 이루어 내는 창조적인 작업이다. 이것이 '몸'이 행위를 통해 세상의 현상에 참여하여 그 의미를 드러내는 체현(enactment)작업이다. 따라서 세계에 나타나고 현상하는 것들의 의미를 바로 알고 그것에 창조적으로 참여하기 위하여 우리는 몸과 마음 그리고 세계가 상호신체적으로 연결되는 육화(enactment)의 경험을 할 필요가 있다. 세상 안에서 모든 존재들이 상호신체적인 활동을 통해서 서로의 주관적인 심정을 표현하고 공감하며 새로운 의미를 발견하여 또한 실행할 때 서로의 생명을 살리고 복되게 하는 길이 열리는 것이다.

메를로-퐁티는 훗설, 하이데거 그리고 사르트르를 통하여 이어져 온 현상학의 계보를 계승하되 '체현(enactment)하는 몸'의 개념을 통해 이들의 관점을 비판적으로 수용하고 '몸'의 현상학으로 통합시켰다. 몸을 통하여 현상에 접근하고 몸의 실존을 살피어 몸이 세상과 더불어 현상하는 것의 의미를 찾은 것이다. 그렇다. 몸으로 연결된 세상을 살펴야 할 때다. 그리고 몸이 처한 상호신체적 주관의 세계를 발견하고 그 실존적 현장에 돌봄을 제공하여 인간 생명체의 몸이 살아나 세상 안에서 새로운 의미를 창조하는 행위로 이어질 수 있도록 도와야 한다.[56] 자, 이제 신체활동을 통해 성경이 메시지를 전하며 이와 같은 '몸'의 체현을 이루어 내고 있는 비블리오드라마를 몸의 현상학적 입장에서 살피며 어떠한 평행선적 이해가 가능한지 살펴보도록 하자.

비블리오드라마와
몸의 현상학

4

비블리오드라마 현상학

비블리오드라마는 성서가 드러내는 현상에 대하여
그 의미를 신체활동으로 '체험하며' 깨닫는 집단상담이다.

참여자들은 고대 유대성경 해석방식 미드라쉬의 전통을 되살리어
성경인물의 삶을 행위화하고 성경의 여백에 담긴 자기의 이야기도 발견한다.
성경이 현현하는 메시지를 지금-여기에서 몸으로 체현하여
그 의미를 깨닫는 기회가 된다.

더하여 새로운 역할을 시도하는 행위의 변화가 일어나
삶을 직면하는 용기를 얻기도 한다.

현대철학인 '몸'의 현상학의 시각에서 비블리오드라마의 주요 이론을 살피며
두 학문의 사상적 접점을 찾아본다.

미드라쉬의 에포케

비블리오드라마는, 앞서 3장에서 밝힌 대로, 고대 히브리인들의 성서해석 방법인 '미드라쉬'(מ,ד,ר,ש Midrash)에 그 기원을 두고 있다. 기원전 1000년 경 유대인들은 경전 '토라'(성서 가운데 유대인들이 '율법'이라고 부르는 모세5경, 곧 구약의 처음 5권의 책을 말함)의 뜻을 깨닫기 위하여 미드라쉬의 해석 작업을 하였다. 그들이 미드라쉬를 통해 행한 특유한 점은 토라의 본문만이 아니라 여백에서도 야훼 하나님의 뜻을 찾고자 한 작업이다. 성경인물만이 아닌 성경을 읽는 독자들의 삶을 향한 하나님의 뜻을 찾고자 한 것이다. 그들은 오늘날처럼 성서의 본문을 분석하여 역사적으로 문헌을 비평하고 텍스트의 양식을 찾아내는 접근을 하지 않았다. '머리'를 사용하여 유추하는 관념적 해석방법을 취하지 않았다. 오히려 율법 자체가 드러내는 의미를 찾기 위하여 그 본문이 묘사하는 삶의 자리를 재연하고 경험하여 본문이 삶 속에서 무엇이라 이야기하는지를 발견하려 하였다. 성서에 담긴 지혜와 가르침을 찾는 행위 '다라쉬'(ד,ר,ש)를 율법의 여백에서 반영되는 자신들의 삶을 통해 경험하려 한 것이다.

이러한 미드라쉬의 작업은 훗설이 현상학적 환원을 목표로 주창한 '에포케'(판단중지)의 작업과 평행선을 이룬다. 훗설은 세계가 '현상하는'(나타내는/드러내는) 것의 의미를 찾기 위하여 그것을 향하고 있는 의식의 모든 선이해와 경험을 내려놓고 '사태'(thing-it-self) 자체로 돌아가라고 했다. 고대 유대인들 역시 토라 가운데 나타나는 야훼의 뜻과 자신들을 향해 토라가 제시하는 삶의 의미를 찾기 위해 '미드라쉬'의 방법을 사용했다. 율법의 본문을 접근함에 있어서 전통적인 이해나 교리적 관념들을 모두 내려놓고 본문을 그 자체로 만나 본문이 인간 삶의 세계를 향하여 드러내는(계시하는/현상하는) 의미를 있는 그대로 여과 없이 살피고자 했다. 미드라쉬는 이렇게 성경에 담긴 가르침과 이야기를 통해 성경이 계시하는(현상하는) 의미를 찾는 '에포케' 하는 작업이었다.

그렇다면, '미드라쉬'의 방법으로 에포케 하면서 성경의 뜻을 찾는 방법에는 어떠한 것들이 있을까? 유대인들은 미드라쉬를 행할 때 주어진 토라의 본문에 대하여 사람들의 관심을 끌고 본문의 이야기에 참여하며 그것을 삶에 연결하는 방법을 취했다. 고대 유대사회를 상상하게 하는 이미지와 기억, 그리고 이야기들을 떠올리게 하여 주어진 본문을 지금-여기에서의 삶과 연결시키는 작업을 하였던 것이다. 이 방법을 발견한 이가 미드라쉬의 연구자 그리샤버(Joel L. Grishaver)이다. 그는 미드라쉬의 전통을 연구하기 위하여 특별히 고대로부터 중세 11세기에 이르기까지 전해 내려온 랍비들이 남긴 자료들을 수집하여 미드라쉬의 토라 접근 방식을 밝힌 바 있다.(J.L. Grishaver, 2004, p.10-15).

그는 고대인들이 토라를 읽으면서 본문 자체가 주는 느낌, 올라오는 이미지와 생각들 그리고 수많은 궁금증을 유발하는 상상력을 모두 허용하며 토라에 접근했다고 한다. 이를 발견하면서 그는 현시대 성경의 독자들도 성경을 가지고 미드라쉬 하는 작업을 가르치기 위해 미드라쉬의 성경 탐구 방식을 사진앨범에 비유하여 설명한다.

"당신의 집에서 간직해온 아주 오래된 사진 앨범을 살펴보라. 할아버지, 할머니의 얼굴과 함께 오래전 그 당시 사람들이 입고 다니던 옷들을 볼 수 있으며 배경이 되는 그 장소를 바라보면서 그 당시 사람들의 삶을 짐작해 볼 수 있게 된다. 이처럼 사진을 바라보다 보면 많은 이야기와 기억들이 올라온다... 토라는 마치 이런 사진 앨범과도 같다. 그리고 토라의 이야기들은 사진들이다! 미드라쉬는 앨범의 사진들을 바라보며 우리의 친척들이 들려주는 이야기나 기억들을 떠올리는 작업과도 같다. 그리고 그 이야기와 기억을 들을 때 우리는 상상을 동원하여 질문을 하며 그 사진앨범 안으로 들어가보는 경험을 하게 된다. 미드라쉬는 토라에 있는 이야기들을 심도 있게 전달해 주며 의미를 더 넓게 확장해 주는 역할을 한다. 미드라쉬는 토라를 이해할 수 있게 하는 다양한 풍경, 인물, 정물 등이 들어간 직물(tapestry)을 제공해 주기 때문이다.(J.L. Grishaver, 2004, p.4).

미드라쉬는 이처럼 고대 유대인들이 토라를 접하며 그 뜻을 깨달아 가는 과정에서 수많은 상상을 통해 성경의 본문을 만나게 하는 자유로운 성경 토론 방법이었다. 그리샤버는 현 시대의 사람들도 성경의 본문 가지고 가족들과 재미있는 대화를 나눌 수 있도록 다음과 같은 질문들을 만들어 사람들이 성경의 이야기 안으로 뛰어들게 한다.

- (야훼-하나님에게) 이 세상을 6일 동안 창조하고 7일째 되는 날에는 '쉬셨다'하는데 무엇을 하고 쉬셨나요?
- (창조된 동물에게) 야훼가 당신들을 만든 이후에 '인간'이라고 하는 존재를 창조했는데 기분이 어떠세요? 앞으로 당신들에게 어떤 영향이 미칠 것 같은가요?
- (아담에게) 당신의 아내가 뱀에게 유혹을 당하고 있을 때 당신은 어디에 있었나요?
- (이브에게) 당신의 이름이 가진 뜻이 '생명을 주는 자'(life giver)라고 하는데 이 이름에 대하여 어떻게 생각하나요?
- (가인과 아벨에게) 당신들은 서로 어떻게 다른가요? 서로의 성격에 대하여 어떻게 생각하는지 알려 주세요.
- (가인의 아내에게) 당신이 남편을 대할 때 남편의 모습은 어떠한가요? 그의 얼굴 표정이나 몸짓에 대하여 알려주세요. 그와 살면서 제일 어려운 점은 무엇인가요?
- (야훼-하나님에게) 당신은 왜 가인의 제사는 받지 않고 아벨의 제사만 받으셨나요? 그 일로 일어난 엄청난 사건을 아시지요? 또다시 그들의 제사를 받는 일이 있다면 이번에는 어떻

이 질문 들에는 어떤 목적이나 의도가 숨어있지 않다. 이 질문들은 사람들을 유도하기 위하여 만들어지지 않았다. 오히려 성경에 대한 어떠한 역사비평이나 문헌비평, 혹은 소속 교단의 전통적인 성경이해법이나 신학과 교리를 모두 '에포케'하고 단지 순수하게 토라를 만나 대화할 수 있도록 일상적인 대화로 성경에 질문하는 예로 구성된 것이다.

이러한 질문을 받으며 미드라쉬의 참여자들은 모두가 자발적으로 자기의 생각과 느낌을 자유롭게 나누게 된다. 물론 모두는 다른 사람의 표현을 존중하여 판단하거나 금하지 않는다. 그래서 미드라쉬를 통해 드러나는 이야기가 풍성해진다. 나의 이야기를 자유롭게 말하고 다른 사람들의 말에 귀를 기울이며 혼자만의 생각의 한계를 깨닫고 새로운 통찰도 얻는다. 이때 나타나는 특징 중의 하나는 미드라쉬의 방법이 사람들의 몸을 움직인다는 것이다. 사람들이 미드라쉬의 방법으로 성경에 접근하다 보면 참여자들이 성경인물과 동일시되어 그 인물처럼 하나님에게 질문을 하고 하나님의 뜻을 찾고자 하는 열망이 생기게 된다. 이때 인도자는 이러한 사람들의 동일시된 욕구를 '몸'으로 표현할 수 있도록 독려한다. 즉, 신체의 움직임으로 성경의 의미를 깨닫는 일을 허락하는 것이다. 본문이 주는 이미지, 느낌, 생각에 따라 신체의 움직임이 올라오는 대로 그 자리에서 즉흥적으로 노래를 하거나 춤을 추며 몸으로 표현하는 일을 허락했다.

이러한 작업은 성서연구가 보편적으로 문서비평이나 역사비평 혹은 특정

신학의 기준과 전통, 혹은 종파의 교리에 얽매여 성경이 드러내는 내용을 제한적으로 이해하는 것과 확연히 다른 성서해석의 방법이 된다. 성서의 텍스트를 마음에 그려보고 그 내용을 상상하며 행위를 통해 생기는 질문을 가지고 자유롭게 토론하는 것이다. 따라서 미드라쉬의 방법으로 성경을 읽을 때 참여자들은 성경이 이끄는 대로 따라가게 된다. 더 이상 성경을 인식의 대상, 객체로 삼아 그 뜻을 파헤치지 않고 오히려 성경이 인도하는 대로 성경에 마음과 몸을 맡기고 움직이며 성경의 이야기를 체험한다. 인간의 가치관이나 판단은 사라지고 성경이 드러내고 전달하는 내용을 지금-여기에서 그대로 체험하는 '에포케'의 경험을 하는 것이다.

물론 아쉽게도, 성경을 이렇게 고대 미드라쉬식 방법으로 접근하는 일이 한동안 역사의 뒤안길로 사라져 버린 시간이 있었다. 성경 연구의 중심이 유대사회에서 서구로 넘어가면서 미드라쉬의 체험적 성경접근법이 관념론적 철학의 방법론으로 대체된 중세기와 근대의 시간을 말한다. 유대교 갱신운동가이자 랍비인 바스코브(A. Waskow)는 이 시기를 가리켜 서구의 영향으로 '머리' 위주의 관념론적 신학이 '몸'으로 접근하던 성경탐구의 행위를 소멸시킨 계기가 되었다고 통탄한다.(A. Waskow, 2008, pp.276, 278) 그렇다! 서구의 신학은 성서의 본문을 단지 객관적으로 이해해야 할 '대상'(자료)로 만들었고 성서가 '주체'가 되어 참여자들에게 의미를 드러내고 참여자들이 그 뜻을 깨닫는, '몸'으로 하는 성경탐구의 기회를 상실하게 하였다. 성경이 전달(현상)하는 의미를 탐구하는 작업이 특정 학문적 노선에 서 있는 학자나 종교의 지도자들에 의하여 인지적으로 분석하고 개념화하는 작업으로 대체되어 온 것이 사실이다. 이는 마치 현대에 이르러 세상이 드러내는 현상들(인간의 경험과 내면을 탐색하는 일 포함)을 실증주의적 인과론으로만 분석하려한 자연주의의 모습, 그리고 그것으로 인하여 초래한 '철학의 위기'를 통탄하던 현상학의 아버지 훗설의 목소리를 상상하게 한다.

하지만 현대에 이르러 역사비평과 인지적 성서해석의 방법을 탈피하고고대 미드라쉬식 해석법을 계승하자는 목소리가 들리기 시작했다. '비블리오드라마' 운동이 바로 그것이었다. 1960년대에 독일에서는 교수자 중심이 아닌 학습자 중심으로 성경을 교육하는 운동이 일어났는데 이때 교육의 참여자들이 성서의 내용을 직접 체험하여 성경의 메시지를 발견하는 기회를 얻게되었다. 마치 미드라쉬의 에포케를 연상시키는 성서접근 방법으로서 사람들에게 아주 실제적이고 유용한 접근 방법으로 알려지게 되었다. 이러한 성서해석의 방법을 가리켜 '비블리오드라마'라고 명명한 독일 마르부르크 대학교의 마르틴 교수(G. M. Martin, 2008)는 미드라쉬의 에포케 작업을 아래와 같이 암묵적으로 밝힌 바 있다.

"만약 그룹이 정말로 새롭고 독창적인 통찰력으로 성경의 본문에 직면해 들어가기 원한다면 성급한 반응과 그동안 친숙하게 사용한 해석의 잣대를 잊어야 한다. 이런 것들을 잊기 위해 우리 스스로에게 의식적인 환기를 시킬 필요가 있으며 이를 통해 우리는 우리 자신을 아주 오랜 패턴으로부터 벗어나 새로운 경험에 들어갈 수 있게 한다." (p.199)

마르틴은 종전의 관념론적 성서해석이 교수자가 자신이 연구하고 준비한내용을 일방적으로 학생들에게 전수하여 학습자가 성경을 실제 삶에 연결해직접 적용하고 체험하는 경험의 기회를 상실하게 하고 있다고 비판했다. 이에 따라 비블리오드라마 운동을 펼치면서 사람들로 하여금 성경을 바라보는 방식을 본문에 대한 분석에서 삶의 이야기와 관심으로 그리고 성경의 초점을 학문적 지식이 아닌 성서 안에서 소개되는 인간 삶의 현장으로 전환할 것을 주장했다. 그리고 참여자들에게 다양한 방법으로 성경을 탐구하되 특별히 신체의 움직임으로 성경에 질문을 표현하고 또한 그러한 몸의 동작을 통하여 성경이 자신에게 말하는 그 메시지를 깨닫게 하라고 주장했다.[57]

그렇다면 이제, 성경이 전해주는 내용을 미드라쉬의 에포케 방식으로 '기술'하는 현장을 한번 방문해 보자. 비블리오드라마는 사람들로 하여금 성경 본문의 뜻을 깨닫게 하기 위하여 뭔가를 '규정'하거나 가르치려 하지 않는다. 오히려 참여자들로 하여금 성경을 열린 상태로 만나 그곳에서 성경인물과 자기 자신을 경험하게 한다. 자발적인 움직임으로 성경을 접하도록 사람들을 초청한다.

예를 들어 비블리오드라마로 "삭개오"의 이야기에 접근할 때 우리는 본문이 기술하고 있는 대로 성경인물을 따라가 볼 수 있다. 설교를 들을 때와 다르다. 삭개오처럼 죄를 회개하고 뉘우치도록 강조하는 설교나 가르침이 없다. 비블리오드라마에서는 어느 누구도 다른 사람을 판단하거나 가르치지 않는다. 그런 입장은 모두 내려놓는다.(에포케) 단지 사람들로 하여금 본문의 이야기를 지금-여기에서 경험하고 재연할 수 있도록 돕는다.(미드라쉬) 그래서 우리 모두 키가 작은 삭개오가 되어 예수를 만나고 싶어 뽕나무로 올라가는 체험을 시도할 수 있다.(몸의 지향호) 성경 본문의 현장에서 그리스도 예수는 삭개오에게 어떻게 보였을까? 모두 즉흥적으로 의자를 모아 뽕나무를 만들고 삭개오가 되어 차례로 올라가 보는 경험을 한다. 맨 아래 바닥부터 한 계단 한 계단씩 올라간다!(몸의 지각) 올라가면서 점점 보이기 시작하는 예수 그리고 마침내 나무에 올라가서 보게 된 예수! 참여자인 나(삭개오)가 느끼는 느낌이 아까와는 조금씩 다른 것을 느낄 수 있다.

물론 예수는 저 앞에서 사람들과 이야기하고 있다. 아직 삭개오를 발견하지 못한 얼굴이다. 그 때 "나(삭개오)에게 드는 기분은 무엇인가?"(몸의 지각) "역시 나(삭개오)는 여기에 '없는' 사람 아닌가? 그는 나에게 눈길도 주지 않을 것이야. 그러면 그에게 나는 아무 의미도 없겠지!"(타자에 의해 의식되는 몸) 그러다가 예수가 갑자기 방향을 돌려 나(삭개오)를 바라보는 것이 아닌가?(감각의 작동과 몸의 지각) 그리고 이 뽕나무로 천천히 다가온다. 나(삭개오)는 예수와 눈이 마주친다. "묘한 느낌이다. 그 눈빛이 점점 나와 가까워져 옴을 느낀다. 그가 다가오고 있다."(이미지) "가슴이 두근거린다. 목이 콱 막히는 기분이다!" "예수의 얼굴이 나를 볼 때 무섭지 않았으면 좋겠다!" 이 본문을 설교로 접할 때 그저 이야기는 이야기일 뿐이었는데 예수를 직접 얼굴과 얼굴로 대하게 되니 많은 느낌과 생각이 교차되며 밀려온다. 어색하기도 하고 떨리며, 두려운 마음도 든다.

이윽고 예수와 만나 대화가 시작된다. 예수가 묻는다. "당신은 누구입니까? 거기 나무 위에 올라가면 어떤 기분이 드나요? 뭐가 보이나요?" 디렉터가 잠시 상황을 정지시키고 삭개오에게 묻는다. "예수의 말이 당신에게 어떻게 들리나요? 예수와 당신의 눈이 마주쳤을 때 기분은 어떠했나요?" 디렉터가 다시 묻는다 "이제 당신은 예수에게 뭐라고 말할 건가요?" 나(삭개오)는 돌아서서 예수에게 말한다. "당신은 나를 어떻게 생각하시나요? 이 사람들처럼 나를 우습게 보는 건 아닌가요?"(상호신체적 주관성의 대화)

삭개오가 되어 예수를 만나는 이 비블리오드라마는 성경 본문을 입체적으로 들으면서 즉흥적으로 올라오는 질문과 대답 그리고 몸짓으로 구성된다. 극본도 없고 특정 목적의 가르침도 없다. 만일 그러한 의도를 가지고 이 본문을 설교한다면 설교자는 아주 큰 노력(설득력 있는 내용으로 설교 작성)과 실력(효과적인 딜리버리와 카리스마 넘치는 부흥사적 영향력)이 필요할 것이다. 하지만 비블리오드라마에서는 이런 것들이 필요하지 않다. 그저 참여자가 자발성을 가지고 성경이야기 안으로 뛰어 들어가도록 도울 뿐이다. 그리고 장면을 설정하여 예수를 만나게만 해주면 된다! 함부로 판단하지 않고 예수처럼 삭개오를 그저 바라보기만 하면 된다. 그리고 그 장면에 멈추어 '몸'의 느낌이 올라오도록 기다려주면 된다.

성경이야기를 재연하며 '몸'으로 그것을 체험할 수 있도록 할 때 설교나 강연에서 느끼지 못했던 것을 느낄 수 있게 된다. 서로의 얼굴과 몸짓을 쳐다보면서 올라오는 느낌과 직관적인 통찰이 바로 그것이다. 에포케를 통해 사태자체에서 느끼는 직관을 허용하는 것이다. 그러다 보면 우리가 성경을 읽는 것이 아니라 성경이 우리를 읽고 있는 듯한 느낌이 찾아온다. 미드라쉬의 에포케를 통해 우리는 성서인물을 있는 그대로 재연하며 성경의 인물을 경험한다. 그리고 그 인물을 통해 나에게 성경이 전달하는 의미를 깨닫게 된다. 성경의 중심에서 흘러나오는(현상하는) 소리를 '몸'으로 듣게 된다.(체현)

성경을 향한 몸의 "지향호"

그런데 이 미드라쉬의 에포케는 '머리'가 아닌 '몸'의 작업임을 주목해야 한다. 앞서 훗설의 현상학적 방법론이 강조한 선험적 이성에 따른 순수한 의식 곧 '머리'의 인지적인 작업이 아니다. 성서가 드러내는 의미를 찾는 데 있어서 미드라쉬는 온 '몸'을 활용한 전인적 체험 방식을 취한다. 신체의 활동을 통해 성경이 드러내는 메시지를 발견하고 그 진정한 뜻을 음미하는, '몸'으로 체험하고 '몸'으로 표현하여 의미를 발견하는 체현의 시간이다. 성경을 읽는 독자들은 사슴처럼 달려 보기도 하고 바위처럼 묵직한 자세를 취해보기도 한다. 화가 난 인물의 소리를 질러보고 슬픈 일을 당하여 옷을 찢고 하늘을 향해 두 팔을 벌려 마음을 쏟아내는 기도를 재연하기도 한다.(예: 시편에서 이스라엘이 소고를 치고 노래하던 일) 미드라쉬를 계승하는 비블리오드라마에서 몸으로 체현하는 성경 경험은 어떠한 것일까? 특별히 메를로-퐁티의 '몸의 지향호' 개념과 어떠한 평행선을 찾을 수 있는지 알아보자.

성경 안으로 들어가게 하는 몸의 지향성

비블리오드라마를 체계화하며 '몸으로 성서를 읽는 작업을' 주창한 마르틴(G. Martin)은 이렇게 신체를 통하여 얻게 되는 '성서와의 만남'이 인간 생명체 안에 내재하고 있음을 강조한다.[58] 우리 인간의 신체 안에는 성경을 실제적으로 음미할 수 있는 요소와 기능이 담겨있는데 그것을 주목하라고 한다. 그 방법은 성경을 읽을 때 성경 본문 가운데 특별히 극적인 요소를 내포하고 있는 곳에서 펼쳐지는 신비스럽고 놀라운 우리 신체의 움직임을 감지하는 것이다. 우리가 그 신체 움직임을 따라가다 보면 성경의 '텍스트를 체험'하는 일이 생기는데 이는 텍스트 내용을 머리로만 인지하는 것보다 훨씬 생생한 경험이 된다. 성경 인물 안에 담긴 "다양한 모티브"와 그것이 표현될 때 전달되는 "생생한 묘사"가 독자인 우리와 연결된다고 한다.(G. Martin, 2010, p.55) 우리가 지금-여기서 고대에 성경을 기록한 저자들의 저작 모티브를 경험할 뿐만 아니라 우리의 신체 역시 텍스트 안에 기술된 성경인물의 심정과 연결되어 몸으로 반응하게 된다. 마르틴은 이렇게 몸이 경험하는 신비스러운 작용을 따라 '몸으로 경험하는 성서'를 강조한다.

이는 그동안 특정 신학적 체계의 타당성을 세우기 위하여 성경을 자료(대상) 혹은 도구로 사용하는 방식을 탈피하게 한다. 성경 자체가 대상이 아닌 주체가 되어 지금-여기에서 비블리오드라마의 참여자와 만나 전달하는 그대로의 메시지를 얻게 하려는 노력이다. 그러기 위해서는 성경을 머리가 아닌 온 몸으로 체험해야 한다. 성경이 '머리'로 읽는 사람에게는 단지 '읽을 대상'이 되지만 '몸'으로 만나는 사람에게는 '대화의 상대자'가 되기 때문이다. 대화는 1:1의 만남으로 이루어진다. 서로가 서로에게 주체가 되어 표현할 때 자신의 메시지를 전달하는 현장이 된다. 따라서 비블리오드라마에서 몸으로 성경을 체험할 때에 성경은 주체가 되어 참가자에게 말하는 것을 듣게 된다. 성경은 단순히 '읽을 거리'로 전락하지 않는다. 이런 의미에서 한국 신학계에서 '몸으로 보는 성서' 활동을 주장한 박재순은 성경이 주체가 되어 우리 몸에 말하는 것을 듣는 행위의 중요성을 언급한다.

"몸으로 성서를 본다는 것은 주관적인 의식의 편견이나 왜곡에서 벗어나 몸과 마음이 직접 성서와 마주치는 것이다. 내 몸과 마음의 삶의 현실과 성서의 삶의 현실이 만나고 합류하는 것이다. 몸으로 성서를 본다는 것은 성서를 단순히 객관적인 대상으로 보는 데 그치지 않고, 나의 몸과 마음 안에서 성서를 보고 성서 안에서 나의 몸과 마음을 보는 것이다. 그러므로 몸으로 성서를 본다고 할 때 성서의 거울에 비친 나를 보고 내 마음의 거울에 비친 나를 본다."(박재순, 25)

'몸으로 성서를 보는 행위'는 성경과의 1:1의 만남을 통해 이루어지는 행위이다. 곧 비블리오드라마의 행위가 그것이다. 그래서 마르틴은 성경의 독자들로 하여금 성경이 전달하는 텍스트를 몸을 활용한 신체 동작과 움직임을 통해 직접 표현해 보라고 한다. 이때 우리는 성경에 대한 관념적 작업이 아닌 실제적 만남을 경험할 수 있다고 한다.(p.212).

마르틴의 제안은 앞서 메를로-퐁티가 주장하는 대로 '육화'의 경험을 통해 세상에 '몸'으로 참여하고 있는 인간 생명체의 삶을 상기하게 한다. 그에 의하면 '육화'된 세계에서 몸의 지각 활동은 세상과 만나 세상의 현상을 규명하는 새로운 장을 연다. 세계의 현상을 의식하고 경험하는 것도 '몸'이다. '몸'이 세상과 어우러짐, 즉 '육화'의 상태로 만나 세상과 조화를 이루며 함께 행위를 창출하여 세상의 현상을 보인다. 그리고 몸으로 그 의미를 깨닫는다. 곧 체현하는 것이다.

몸은 이렇게 '세계로의-존재'로서 모든 현상하는 것(인식의 대상)에 주체적으로 참여하며 세상과 함께 현상하는 작업은 하이데거가 말하는 현존재의 본질적 경험과 같은 것이라 할 수 있다.[59] 따라서 훗설처럼 에포케를 통해 의식(머리)만의 현상학적 환원을 이루기보다는 몸을 통하여 육화된 의식과 육화된 세계가 함께 상호주관적으로 구성하는 것을 경험하고 기술해 나가는 것이 중요 해진다. '의식'이 아닌 '몸'의 현상학을 통해 세계-내-존재가 현상하는 것의 의미를 밝히는 것이다.(1962, p.219) 메를로-퐁티는 몸이 세상을 향해 어떻게 지각의 활동을 전개하며, 세상과 어떻게 상호작용하면서 사상과 균형을 이루고, 세상의 현상과 그 의미를 어떻게 명확히 해 나가는지에 대해 특별히 관심을 기울일 것을 권했다. 비블리오드라마에서 성서를 향하여 우리 신체가 자발적으로 움직여 들어가는 모습은 메를로-퐁티가 말하는 신체 안에 담긴 '지향호'를 상기하게 한다. 몸의 지향호를 통해 우리의 몸은 세상 안에서 "체험되는 몸"(the lived body)이 되는데 이는 우리 신체를 통해 육화된 마음이 세상과 일체감을 이루며 세상을 경험하는 상태를 말한다. 이때 우리의 의식, 생각과 열망 그리고 우리의 과거, 미래 그리고 현재의 모든 것들이 세상 안에 주어진 상황 가운데서 가장 적합한 형태로 우리 몸을 활처럼 움직여 세상과 어우러지게 한다.

이 몸의 지향호의 작용이 비블리오드라마를 가능케 하는 근원적인 자원이기도 하다. 마르틴(Martin, 2010)은 이것을 "몸을 몸으로 느끼는 능력"으로 표현한 바 있는데 비블리오드라마의 참여자가 이 능력을 통해 비로소 "자신과 세계를 미학적으로 감지"하는 기회를 얻게 된다고 한다. 자기 자신에 대하여 세계가 주는 의미를 몸으로 체험하는 것을 말한다. 또한 세상과 어우러져서 자기 자신을 표현하는 행위의 근원도 "몸을 몸으로 느끼는 능력"에서 비롯된다고 한다.(pp.65)

마르틴은 현대인들이 겪는 여러 심리적 어려움이 이러한 몸을 '몸으로 느끼는' 능력의 상실에서 온다고 본다. 그리고 그 상실에 따른 빈자리를 어떤 다른 자극을 통해 만족해 보려 하는 데서 중독의 문제가 발생한다고 주장한다. 신체활동의 치료가 현재 상담 분야에서 적극 도입되는 것도 이런 이유 때문이며 몸을 통한 삶의 표현과 새로운 역할의 훈련을 실시할 때 치료를 돕는 지름길이 될 수 있다고 말한다.(pp.65-66) 비블리오드라마는 몸의 감각을 느끼고 표현하는 행위를 통해 성서가 드러내는 의미를 가장 깊이 있게 경험함으로써 몸에 생동감을 되찾게 해주고 몸의 감각을 일깨워 준다.

> "비블리오드라마 신체작업의 첫걸음은 우리의 몸이 우리 인생의 참된 무대라는 것을 새롭게 발견하고, 그 몸을 생기 있게 만들고, 그 몸의 감각을 일깨우는 것을 목표로 삼아야 한다. 이 목표가 제대로 실현될 때 비로소 우리의 몸은 성서의 본문과 더불어 열린 대화, 비판적 대화를 나눌 수 있는 무대, 곧 좁은 의미에서 비블리오드라마 과정의 무대가 될 수 있을 것이다."(pp.71-72)

몸의 현상학이 지향호를 통해 우리의 몸과 마음, 그리고 세계가 육화되어 연합함을 주장하듯이 비블리오드라마 역시 우리 신체 안에 있는 몸의 감각을 일깨워 성서의 이야기와 하나 됨을 경험하게 한다. 비블리오드라마 운동가 슈람(T.F. Schramm, 2008)도 비블리오드라마에서 강조하는 몸의 표현이 가져오는 놀라운 효과를 다음과 같이 전한다.

> "몸으로 표현하다 보면 우리는 모두 오래전부터 잊혀져 왔던 우리의 신체가 서서히 깨어나고 생기를 찾는 것 같은 기분이 들며 흥분이 된다. 그러면 제스처들이 표출되고 억제된 동작들이 점점 품어져 나옴에 따라 신체 언어가 증가한다. 그리고 이러한 퍼포먼스를 통해 우리가 인식한 것, 느낀 것, 상상한 것을 함께 나누게 된다... 성경본문과 관련된 신체적 움직임은 때로 성경 본문 자체가 되기도 한다. 성경본문이 성육신화 되는 것이다."(pp.158,162)

말씀이 '성육'(incarnation)하여 우리에게 찾아왔듯이 우리 생명체도 "육화"(embodiment)되는 계기(비블리오드라마)를 통해 성서와 연결되고 성경의 빛 아래서 우리의 삶을 조망하고 또한 우리 자신을 표현하는 기회를 얻게된다.

몸의 지향호가 불러오는 드라마 치료에서의 효과

그렇다면 이러한 신체가 담고 있는 능력으로 성경이 독자들에게 줄 수 있는 비블리오드라마의 효과는 무엇일까? 비블리오드라마는 드라마치료를 겸하여 신체를 활용하는 접근방법을 사용한다. 참가자들은 성서의 이야기를 재연하여 성경의 이야기가 드러내는 의미와 지혜를 깨닫는 것은 물론 치유의 효과도 누릴 수 있다. '몸'의 활동이 가져오는 치유를 한국의 사이코드라마티스트 최헌진(2010)은 다음과 같이 설명한다.(p.194-199)

> 첫째, '몸'은 인간 존재의 본성을 구체적으로 표현하며 실현할 수 있게 한다.
> 몸은 우리 인간 존재의 아주 구체적이고 실존적인 표현이자 증거이다. 인간은 몸으로 먼저 태어
> 나 몸으로 느끼고, 몸 안에 있는 머리로 생각의 기능을 활성화한다. 그래서 몸으로 행동하여 역할
> 을 만들고, 세계 가운데서 반응하며 자기 존재 기반을 만들게 된다.(최헌진, p.195)

그렇다. 머리가 아니라 몸이 우리 인간 존재를 지탱한다. '머리'가 존재의 전부인 양 행세하면 존재의 균형이 깨질 수 있다. 바쁠 때 숨도 안 쉬고 일을 처리하다 보면 몸을 돌보지 않는 결과가 되어 피로가 쌓이고 병을 얻을 수 있다. '머리'에 치중하는 삶은 전인적인 삶의 균형을 깰 수 있다. 이런 까닭에 사람들은 요즘 '몸'을 돌보는 요가나 명상의 방법을 통해 신체와 정신이 균형을 이루는 삶을 찾으려 한다. 드라마 치료는 몸으로 먼저 새로운 경험을 구체적

으로 체현(표현하고 경험)하게 하고 몸으로 새로운 역할을 시도함으로써 새로운 통찰을 얻게 한다. 세상을 향하여 몸으로 직면하는 연습을 하면 그동안 머리로 편중된 전인적이지 못한 삶의 제한된 생각이나 느낌, 이미지들이 제자리를 찾게 되는 효과를 누릴 수 있다.

> 둘째로, 몸은 치유를 위한 진정한 상호작용을 가능하게 한다. 인간의 상호작용은 몸이 아니고서는 이루어질 수 없다. 인간은 태곳적부터 사람과의 인격 대 인격, 첫 만남을 몸으로 시작했다. 엄마 뱃속에 잉태된 순간부터 태아는 엄마와 몸으로 상호작용을 시작한다. 사람과 사람의 만남은 "언어 이전에, 의식과 사고 이전에 몸으로의 만남"이라 한다."(최헌진, p.197)

비블리오드라마는 성육신의 참 의미를 깨닫게 한다. '말씀이 육신이 되신 하나님'은 육화된 세상을 무시하지 않고 그곳을 찾아오는 창조주를 말하며 구원이 '몸'에서 이루어지게 한다. 비블리오드라마는 설교나 기타 신학강연처럼 추상적 사고만을 선포하고 끝날 수 있는 행사가 아니다. 성경의 이야기를 말로 만이 아닌 행위로 시연한다. 인간의 행위로 표현하다 보면 인간이 실제 생활하는 세계가 모두 관계의 상호작용으로 이루어지고 있음을 알게 된다. 나와 (내면의) 나의 관계, 나와 타인과의 관계, 그리고 나와 하나님과의 관계를 보여준다. 상호작용은 말로 충분히 표현할 수 없는 그리고 감출 수 없는, 온전한 진실을 드러내기 때문이다. 최현진의 주장대로 몸은 우리로 하여금 "진실된 나"가 되어 우리의 진정한 언어를 토해내며 진실을 스스로 직면하는 기회를 준다.(p.198)

> 셋째, 몸은 진정한 치유의 증거를 보여 준다.
> 사람이 치유되면 몸에서부터 증거가 나타난다. 혈압과 혈액순환, 피부 색깔, 그리고 신체의 리듬

에 이르기까지, 많은 부분이 정상을 회복하고 삶의 의욕과 활기를 되찾게 된다. 합리적인 머리의 작용도 건강한 몸에서 가능해지는 것이다. 인간의 건강은 "표정, 눈빛, 몸짓 등 온몸을 통해서 드러난다고 한다. 그래서 최헌진은 건강이란 진실된 "몸의 말"로 확증되는 것이라고 한다.(p.199)

그렇다. '머리'는 '몸'을 이끌어 가지만 '몸' 전체를 대신할 수 없다. '몸'의 일부일 뿐이다. '머리'만이 강조되는 성경공부는 너무도 많다. 성서지리학습, 교리연구, 성서의 인물 연구, 그리고 제자훈련에 이르기까지 오늘날 교회와 기독공동체가 제공하는 내용들이 홍수를 이룬다. 하지만 이 모든 성경학습이 머리의 인지활동에 그치고 있는 것이 현실이다. 머리로만 이해하는 성경은 삶으로 연결되지 않는다. 삶을 변화시키는 힘이 부족하다. 전인적인 깨달음이 되지 못한다. 오늘날 수많은 설교와 강연의 홍수에도 불구하고 인간의 변화는 커녕 교계가 사회의 지탄이 되는 이유는 무엇일까? 성경이 우리 인간 삶에 전달하는 메시지를 머리로만 이해하고 삶으로 실천하는 연습이 없기 때문이다. 삶은 몸으로 다가가는 현장이다. 따라서 성경과 삶이 연결되기 위해서는 몸으로 메시지를 받아 몸으로 각성하고 세상을 직면할 능력을 몸으로 연습하고 익히는 체험이 필요하다.

월터 링크는 이제는 "몸으로 느끼는 생각"이 가능한 성경적 접근을 경험하라고 외친다. 그것은 고대 히브리인들이 '생명' 혹은 '생물'(שׁ.פ.נ 네페쉬 nephesh)이라고 불렀던 완전한 존재, 즉 "생명과 영혼이 깃든 몸"을 찾는 작업이며 오늘날 비블리오드라마가 추구하는 운동이다.(월터 링크, p.254) 영혼이란 육신과 구별되는 요소가 아니라 오히려 육신에 담긴 능력을 충분히 반영하는 자아이며 이를 비블리오드라마가 구현한다. 윙크(2008)는 비블리오드라마의 이러한 작업이 성육신의 진정한 의미를 본질적으로 드러내는 계기를 만든다고 말한다.

> "그것은 예수님 이라는 존재에 의해 육신을 가지게 된 하나님의 삶을 우리의 몸속에서 구현하는 일에 초점을 맞추는 작업이다. 우리는 예수님이 하나님의 유일한 성육신이 아니며, 우리가 하나님의 성육신이 될 수 있는 방법을 보여주는 안내자가 되어볼 생각을 해야 한다."(p.255)

비블리오드라마 학자들은 이렇게 비블리오드라마의 무대가 우리의 몸에서 비롯됨을 주장하며 몸의 현상학이 말하는 지향호와 같은 기능을 인지하고 신체의 표현을 통해 실행할 것을 당부한다. 우리 몸이 지향호에 따라 세상과 만나 '체험되는 몸'으로 작용하듯이 우리도 우리 몸에 대한 느낌과 돌봄 그리고 표현을 통해 성서의 의미를 제대로 접할 수 있음을 인정하고 있는 것이다.[60]

몸의 지향호를 활용한 드라마 치료의 현장

현재 실행되고 있는 신체활용 드라마치료의 세계에서는 이와 같은 몸의 지향호를 구현하기 위하여 드라마치료에서 사용하는 첫 단계를 활용한다. 그것이 바로 신체 웜업이다! 신체 웜업은 본래 사이코드라마의 창시자 야콥 모레노의 집단 드라마 치료 3단계 첫 부분에 해당하는 것으로 주로 신체를 중심으로 하여 집단 구성원들이 마음과 몸을 자유롭게 하여 집단 프로그램에 자발성을 가지고 참여할 수 있도록 돕는 기능을 한다. 이때 사용되는 몸의 동작은 차후 드라마치료에서 표현할 이미지와 감정을 겨냥하여 준비된다. 몸의 지향호가 세상으로 향하고 세상 가운데서 위치를 찾아 표현할 내용들의 원초적 기원이 되는 것과 같다.

신체감각운동치료에서 사용하는 신체 웜업 안내 동작들도 몸의 지향호에 따라 몸이 드러내는(체현하는) 현상을 보여준다. 표현예술치료에서는 치료에 들어가기 전 참여자(내담자)들에게 마치 체조와 같은 '동작 제의식'을 통해 신체의 모든 부분들이 준비를 갖추게 하는 연습을 하는데 이때 참여자(내담자)들은 자신의 신체 부분들이 움직이는 것을 탐색하면서 "몸의 동작을 통하여 떠오르는 이미지와 감정들"에 머무르게 한다.(임용자외, 2016, p.152)

신체활용 표현예술치료에서의 신체부분 탐색 순서:
자신이 드러내고 있는 동작의 특징을 내담자가 자각하도록 돕는 안내 순서는 아래와 같다.
1. 자신의 호흡과 호흡의 움직임에 집중한다.
2. 점차 떠오르는 감정이나 이미지를 몸짓이나 동작으로 표현하게 한다.
3. 동작에 따라 떠오른 생각이나 말들이 있으면 말하기를 반복하여 한다.
4. 말이 반복되면서 동작도 변할 수 있도록 허용한다.
5. 동작이 달라지면 말과 감정 그리고 이미지도 달라진다.
6. 달라지는 감정과 이미지들을 지나치지 않고 그때그때 머물기를 한다.
7. 반복하여 달라지는 감정과 이미지가 자아내는 몸짓과 동작을 이어간다.

신체탐색을 돕는 치료자의 안내:
1. "떠오르는 감정이나 이미지는 무엇인가요?"
   (몸의 동작을 통해 떠오르는 감정이나 이미지들을 통해 내담자가 어떤 주제를 가지고 있는지 혹은 어떠한 삶의 자료나 문제들을 오늘 집단에서 표출하려고 하는지를 탐색하는 질문이다.)
2. 떠오르는 감정이나 이미지 중에 어떤 것에 초점을 두고 싶으세요?
   (내담자가 다루고 싶은 주제를 스스로 선택하게 하는 질문이다)
3. 선택한 주제에서 느끼는 감정이나 떠오르는 이미지에 잠시 머물러 보세요.
   이때 심호흡을 하면서 몸에 어떠한 동요나 변화가 일어나는지 관찰합니다.
   (초점을 맞춘 주제에 직면해 들어가는 과정이다. 이때 역시 몸이 먼저 반응한다. 어떤 주제나 감정이 일어날 때 그것으로부터 어떤 움직임이 나오는지 그 감정이나 이미지에 머물면서 감각충동이나 동작 충동을 탐색한다. 그 감각 충동이나 동작 충동이 어디에서 나오는지를 탐색. 동작에 대한 탐색은 감정과 이미지에 직결된 하나의 에너지 현상이다.)

그렇게 충분히 신체를 느끼고 나서 그 이미지와 관련하여 연결되는 삶의 기억들에 대하여 감정적이고 인지적인 알아차림을 허용하게 된다. '몸'이 가져온 경험을 충분히 느끼고 난 이후 '머리'의 기능을 허용하는 것이다. 이후 다른 표현을 할 때에도 언어로 개념화하지 않는다. 신체 혹은 기타 시각을 불러일으키는 그림, 촉각을 느끼게 하는 찰흙 그리고 소리는 가져오는 음악 도구 등을 통해 표현하도록 한다. 신체가 가져온 이미지를 신체로 느끼며 신체로 표현하는 예술활동을 하면서 치료의 세계를 경험하는 것이다. 이를 통해 내담자 자신은 자신의 내면세계가 외부세계를 향하여 표현되고 나아가려는 지향호를 경험하게 된다. 이처럼 신체활용 기법과 비블리오드라마가 공유하는 웜업은 현상학의 몸의 지향호 특징을 고스란히 안고 있음을 알 수 있다.

<표 2> 신체 웜업: 비블리오드라마의 첫 단계

한국 비블리오드라마 협회에서 제시하는 비블리오드라마에서 웜업은 몸과 마음이 자발적으로 행동할 수 있는 단계이다. 수퍼바이저 이미숙(2020)은 웜업을 다음과 같이 설명하고 실제로 사용할 만한 기법들을 소개한다.

비블리오드라마의 참여자들은 처음 모였을 때 집단으로 함께 모이는데 어색해 하며 사람들과 어울리는 것에 대하여 불안과 두려움을 갖고 있을 수 있다. 이러한 얼어붙은 마음을 녹일 수 있는 방법은 신체를 활용한 신나는 놀이이다. 재미있어 또 하고 싶어 지는 동작, 실수를 해도 괜찮은 술래가 없는 게임, 그리고 많은 지지와 격려를 얻을 수 있는 놀이를 하게 될 때 전체 집단은 자발적으로 리드미컬하게 움직이며 응집력을 경험하기 시작한다. 참여자들은 서로에게 경직된 자세로 만나 의례적, 형식적으로 반응하던 얼음 상태를 깨고 열린 마음으로 자기도 모르는 사이에 집단에 더욱 '참여' 하게 된다. 서로와 상호신체적으로 소통하며 지금-여기에서 성경의 이야기 속 인물들이 드러내는 인간 삶의 이야기 가운데 자신의 정체를 발견하고 세상의 현실을 직면할 용기를 얻게 된다.

비블리오드라마에서 자주 사용되는 웜업으로 다음과 같은 것들이 있다.

1. 몸 인사하기: 모두 함께 장소를 돌아다니며 어깨와 어깨, 등과 등으로 인사한다. 물론 팔꿈치와 손, 무릎으로 할 수도 있다. 이 동작은 의자에 앉아있던 사람들로 하여금 쉽게 자리에서 일어나 참여할 수 있게 하며 평소 익숙한 걷기를 통해 몸을 준비시키고 다양한 신체 부위로 인사를 나누며 몸의 감각과 창의성을 일깨울 수 있다.

2. 손고리 풀기: 두 명씩 마주 보고 서서 양손을 앞으로 내밀어 손바닥을 위로 향하게 한다. 책장을 넘기는 오른팔을 왼쪽으로 넘긴다. 이때 팔은 X자 모양이 되어 서로의 손을 크로스 하여 잡는다. "풀어보세요!" 소리와 함께 온몸을 움직여 서로의 손을 잡은 모양이 X에서 11의 형태로 변할 수 있게 한다. 성공하면 점차 인원을 넓혀가며 손고리 풀기를 하고 마지막으로는 전체가 모여 같은 방법으로 손고리를 풀도록 한다. (이를 통해 집단이 함께 몸을 움직이게 되며 집단이 하나가 되는 응집력을 키울 수 있다. 몸의 지향성이 이루어 내는 놀라운 경험이 시작됨을 알고 모두 놀라게 된다.)

3. 몸으로 이미지 조각하기: 3~4인이 한 그룹이 되어 한 사람씩 조각가가 되어 자신이 본 TV 프로그램, 영화, 책 중에서 재미있었던 장면을 떠올리고 그룹원들에게 알려준다. 그리고 그룹원들을 움직여 그 장면의 조각품을 만들어 본다. 만들어진 조각품이 되어본 경험을 서로 함께 나눈다. 이러한 몸의 동작은 몸의 감각 경험을 조직하고 해석하는 기회를 준다. 바로 몸과 마음을 이어주는 지각(perception)의 작용을 경험하게 한다. (조원들이 경험했던 일을 아무 선이해나 판단 없이 신체를 활용하여 표현에 참여하여 몸의 에포케를 이루는 작업이 된다.)

이미숙.(2020)."비블리오드라마의 놀이와 웜업" p.173-196

성경을 통한 '생활세계' 경험

　'미드라쉬'는 고대 이스라엘의 랍비들이 율법(토라)을 시대적 정황에 맞추어 의미 있게 해석하는 작업이었다. 성서 즉 토라에 담긴 교훈과 이야기들이 뿜어내는(현상하는) 의미를 찾는 해석의 작업이었다. 미드라쉬를 통해 드러나는 인간 삶의 현장을 비블리오드라마에서 어떻게 다루고 있는지 알아보자.

비블리오드라마가 드러내는 인간의 삶

　미드라쉬 운동은 1980년대에 이르러 미국에서 드라마치료와 결합한 소그룹 집단 치유운동으로 발전한다. 이 운동을 이끈 이는 비블리오드라마의 세계에 사이코드라마를 접목하여 고대 미드라쉬 성서 체험 방식을 재현하고자 한 피터 피첼(P. Pitzele)이었다. 피첼은 오랫동안 모레노의 심리극(Psychodrama)에 몸담아 오면서 쌓아온 치료자로서의 경험을 토대로 비블리오드라마에서 활용할 수 있는 드라마치료의 요법들을 도입하였다. 그는 심지어 자신이 제시하는 활동을 가리켜 "성경 심리극"이라고 불렀고 "미드라쉬로서의 비블리오드라마"라고 성격을 규명하기도 했다.[61] 그는 비블리오드라마가 고대 미드라쉬처럼 인간 삶에 관계된 많은 실존적 상황을 자발적으로 설정하고 다루어 가야 한다고 보았다. 그는 이러한 필요성을 다음과 같이 설명한다.

"나는 참여자들이 상상력을 동원하여 본문의 새로운 의미 지평으로 진입하기를 바란다. 나는 (디렉터로서) 사람들이 창조적으로 협력하면서 하나의 드라마를 만드는 장면을 만들도록 돕는다. 비록 즉흥적이고 순간적이긴 하지만 비블리오드라마는 창의적 감각을 공유하게 한다. 나는 집단 한 사람 한 사람에게 관심을 기울인다. 그래서 인물을 연기하는 과정에서 그들이 각 개인의 문제와 맞닥뜨리길 원한다. 만일 그것이 성공할 경우, 각자 역할 연기에서 벗어나 편안함과 침묵 속에서 자기 자신을 관찰할 수 있는 자유를 얻게 되리라 확신한다. 그러한 과정을 통해 사람들은 하나님을 어떻게 구체적으로 경험하는지를 드러내게 된다."(Pitzele, 2016, p.248)

그는 참여자의 삶의 정황을 드러내는 비블리오드라마야 말로 성서의 메시지가 온전히 전달되는 장으로 보았다. 비블리오드라마는 삶의 실존, 그 한복판에 서 있는 인간에게 하나님의 말씀을 제대로 전달하는 방법이 되어야 한다는 것이다. 그는 성서 안에 "검은 불꽃"과 "흰 불꽃"의 은유가 나오는데 "검은 불꽃"은 성서의 내용을 담고 있는 글자들을 말하며 "흰 불꽃"이란 성경의 흰 여백을 의미한다고 한다. 독자들이 성경을 통해 발견하는 삶의 자리가 바로 이 '흰 불꽃'이다.(pp.38-39.) 그는 하나님의 말씀이 경전의 글자에만 머물지 않고 여백을 통해 연결되는 인간의 삶을 향하고 있다고 보았다. 그래서 비블리오드라마를 전개함에 있어서 성서의 본문 자료를 활용하되 글자들 행간이나 여백 안에 담긴 인간 삶의 구체적인 장면들을 상상하게 하였고 그렇게 확장되는 내용을 신체동작을 통해 표현하도록 도왔다. 이를 통해 성경이 드러내는 "검은 불꽃"과 "흰 불꽃"을 모두 비블리오드라마를 통해 체험할 수 있게 하였다.

검은 불꽃의 세계가 종전의 역사 및 문헌 비평적 성서해석, 즉 '머리'를 사용한 성경연구의 방법으로 펼쳐진 관념적 신학, 의식의 차원을 의미한다면 흰 불꽃은 이제 온 '몸'을 기반으로 하여 드러내고 경험하는 인간 실존의 '생활세계'의 자리를 의미한다. 삶의 실제 현장에서 일어날 수 있는 일들을 허용하여 드라마를 통해 표현하게 한 것이다.

예를 들어 창세기 27장에 나오는 이야기를 가지고 설교를 하는 이들은 통상적으로 야훼의 약속이 야곱의 자손으로 이루어지는 데 초점을 맞추기 쉽다. 그래서 집을 떠난 야곱이 베델에서 외롭게 돌 베개 베고 자는 상황을 주제로 삼기 쉽다. 이는 통전적인 '검은 불꽃'의 접근이다.

그러면 이 이야기 속에서 가장 피해를 입은 에서의 입장은 잊혀지고 만다. 하지만 비블리오드라마의 참여자들은 에서의 심경을 놓치지 않는다. '흰 불꽃'을 보는 것이다. 오히려 본문을 읽으면서 야곱에게 속아 장자권을 잃어버린 에서의 심정에 더 마음이 끌려 결국 에서의 드라마가 펼쳐지는 경우가 많다.

그래서 필자는 에서의 심정을 주제로 하는 비블리오드라마의 상황을 인도한 적이 있다. 야곱이 집을 떠난 날 저녁식사 시간에 집에 남겨진 식구들이 테이블에 자리를 잡고 앉는다. 아버지 이삭, 어머니 리브가 그리고 큰아들 에서가 아주 불편한 심정으로 대화를 시작한다. "아니, 어머니! 어머니가 나에게 어떻게 이럴 수 있어요? 왜 야곱을 도와 나의 축복권을 가로챈 거에요? 나는 어머니 자식이 아닌가요?" 그러자 어머니 리브가의 변명 스런 말들이 이어진다. "네가 참아라! 그것은 하나님의 뜻이었어." 에서는 항거한다. "뭐라고요? 그렇게 나를 속이는 게 하나님의 뜻이라구요?" 아버지는 한숨만 지으며 불편한 표정을 감추지 못한다. 가족들은 어느새 저녁식사를 잊은 채 심한 다툼을 하고 만다.

야훼가 약속의 백성을 이루는 일에 야곱을 선택하여 이스라엘이라는 족속을 만드는 일은 분명히 성경에 나오는 가장 큰 사건 중의 하나이다. 그래서 많은 설교자들이 '이스라엘의 형성'이라는 대주제에 맞추어 연구하고 설교를 한다. 하지만 성서의 대주제가 되는 큰 사건들도 인간의 삶에 관련된 것이다. 그 연결된 삶의 현장을 무시할 수 없다. 야곱에게도 가정이 있었고, 그 가정에는 형제(에서)가 있었으며 이 형제들은 각각 편애하는 어머니와 아버지로 인해 아주 복잡한 관계로 살아왔다. 그런데 장자권 탈취의 사건이 이날 벌어진 것이다. 성경의 흰 불꽃(여백)은 성서인물의 삶의 상황을 반영하는 공간이다. 야곱으로 인하여 이스라엘이라는 민족이 형성(검은 불꽃)되는 대주제의 본문이 시작될 때 우리는 그가 평생 풀어야 했던 과제(흰 불꽃)를 동시에 보게 된다. 비블리오드라마에서 우리는 장자의 축복을 빼앗기고 피해의식으로 분노하고 있는 에서의 얼굴을 보게 된다. 이 얼굴은 우리 현대인 삶의 현장 여러 곳에서도 발견되는 모습이기도 하다. 비블리오드라마에서 이 본문을 택하면 반수 이상이 에서의 마음을 택하는 것은 결코 우연이 아니다. 사람들은 이렇게 성경의 여백에서 '흰 불꽃'을 찾으며 그곳에서 자신의 삶을 연결시킨다. 성경의 이야기 안으로 깊이 들어가게 되는 것이다.

비블리오드라마는 이처럼 성서 전체를 관통하는 '대주제'(구원, 자유, 종말, 해방 등)에 맞추어진 '주연'들의 심정을 연기할 뿐 아니라 우리에게 별 관심의 대상이 되지 못했던 '조연'들의 이야기도 포함한다. 오히려 조연으로 알려진 이들이 비블리오드라마에서 주인공이 되는 경우도 많다. 창세기 29장에 레아와 야곱이 결혼식을 하고 첫날 밤을 치른 이야기(부록의 사례1)도 그러하다. 야곱은 본래 외삼촌 라반의 둘째 딸 라헬과 결혼하기로 되어 있었는데 라반의 계획에 따라 신부가 바뀌어 레아가 초야를 치른다. 다음 날 아침 야곱은 불쾌한 표정으로 레아의 장막을 나온다. 그런데 밖에는 이 일을 알고 달려온 라헬이 서 있었다. 라헬이 야곱에게 큰 소리로 외치며 따진다. "아니, 네가 왜 거기서 나와?" 라헬을 자원한 참가자는 야곱의 얼굴을 향하여 빨간색 천을 휘두르며 큰 소리로 화를 표현한다. 나중에 그녀를 인터뷰할 때 어떻게 그 상황 가운데 그렇게 화가 나 보였냐고 물었을 때 성경 이야기 바로 그 장면이 자기의 삶을 그대로 보여주었기 때문이라고 했다. 둘째로 태어나서 늘 언니에게 양보하며 자라나 불만이 많았던 자기 모습이 중첩되어 라헬의 입장에 설 수밖에 없었다고 밝혔다. 창세기 29장에서 레아와 라헬은 야곱이라는 주연 뒤에 서 있는 조연들이다. 하지만 비블리오드라마를 위해 이 본문을 택하면 왜 그렇게도 레아와 라헬이 되어 주인공 역할을 하겠다는 사람들이 많은지... 주연과 조연이 쉽게 바뀌게 된다. 그렇다고 성경의 '대 인물'들이 사라지는 것이 아니다. 조연급 인물들을 다루면서 '대 인물'의 이야기는 결국 살아난다. 조연급 인물들을 다루는 과정을 통해 그들의 갈등의 매듭도 풀리기 때문이다. 그리고 이렇게 성경인물을 다루다 보면 참여자들에게 큰 효과가 나타난다. 성경이 참여자와 청중들에게 더 깊이 연결되어 성경은 이제 독자들의 이야기가 된다. 독자들은 이제 비블리오드라마에서 자기 삶의 현장을 절절히 느끼며 성경이야기 안으로 깊이 들어간다.

비블리오드라마는 인간의 삶이 위치하고 있는 구체적인 상황을 드러내며 그 안에 담긴 실존의 삶을 바라보게 한다. 이는 하이데거의 실존주의적 현상학이 주장하듯이 현상에 대한 '인식'보다 현상을 드러내는 이 세계, 그리고 세계-내-존재로서의 인간의 모습을 밝히는 작업이다. 비블리오드라마의 참여자들은 세계-내-존재로서 서 있는 인간에게 현상하는(계시하는) 하나님의 음성을 체험하게 된다. 전에는 성서가 오직 절대적 '존재자' 하나님의 이야기를 기술하는 문서였으나 이제는 '존재'의 문제, 즉 인간이 이 세상 한복판에서 당면한 현실을 부딪치며 발견하는 삶의 진실을 표현하고 그 의미를 통찰하는 기회가 된다. 비블리오드라마는 이렇게 성서를 더 이상 '분석'의 대상이 아닌 세상 한가운데 놓인 인간의 '현실'로 드러내고 체험하는 행위이다.

성경을 '체현'하는 몸

이런 의미에서 피터 피첼(P. Pitzele)에 의하여 정교화된 미드라쉬 성서 체험 방식(앞서 1부 4장에서 언급함)은 실존주의적 현상학의 입장을 구체적으로 비블리오드라마에 도입한 것으로 볼 수 있다. 피터 피첼은 1980년대에 이 미드라쉬 방식의 비블리오드라마 운동을 펼치면서 고대인들의 성경 체험 방식을 재현하되 심리극(Psychodrama)에서 역할극을 통해 사용되는 여러 요법들을 활용하였다. 고대 미드라쉬처럼 비블리오드라마가 인간 삶에 관계된 많은 실존적 상황을 자발적으로 설정하고 다루어 나갈 수 있도록 돕고 또한 기능적 차원의 방법론을 위해 사이코드라마식 대화방법과 역할극의 기법을 적극 도입하였다. 사람들은 이 기법에 따라 신체활동에 참여함으로써 성경의 인물과 자기를 동일시를 할 수 있게 되었고 자신의 생각과 느낌 그리고 소망을 자유롭게 표현하며 감정의 정화와 삶의 통찰을 얻게 되었다. 그리고 성경의 지혜를 깨달아 실제 삶에 도움이 되는 역할 훈련도 하게 되어 큰 도움을 얻을 수 있었다.(2016, p.18)

피터 피첼의 '미드라쉬 성서 심리극'의 영향을 받아 오늘날 실행되고 있는 비블리오드라마의 특징들을 다음과 같이 정리할 수 있다.

첫째, 비블리오드라마는 상상력을 통해 본문의 의미 지평에 진입한다. 비블리오드라마는 참여자들에게 상상력의 자유를 허용된다. 물론 이러한 자유는 성경의 핵심적인 내용이나 명백한 사건으로 알려진 이야기를 부인하지 않는 범위 안에서 가능하다. 예를 들어 구약에서 히브리인들이 이집트에서 노예 생활을 하다가 야훼 하나님의 은혜로 모세와 함께 이집트에서 탈출한 사건은 부인할 수 없는 성서 안의 주제이다. 신약에서 예수 그리스도의 십자가 고난과 부활 사건으로 하나님이 인류의 죄악을 용서했다는 핵심적인 가르침도 부정할 수 없다. 비블리오드라마가 이야기 가운데 흐르는 본문에 명백한 사건으로 등장한 내용을 부인하거나 변경시키지는 않는다. 다만 성서인물의 삶의 정황과 관련된 개연적인 요소들을 상상할 수 있도록 허용하는 것이다.

성경인물들이 실존적인 인간의 삶을 살면서 겪었을 심정과 생각, 그리고 인간적인 반응 등은 개연성을 허락하는 비블리오드라마에서 무대에 충분히 올려질 수 있다. 비블리오드라마의 참여자들은 이렇게 '흰 불꽃'의 영역에 속한 인간의 삶을 상상하고 연기한다.(p.38-39.) 이를 통해 인간이 세계-내-존재로서 경험하는 생활세계를 몸으로 재연한다. 몸으로 세상을 '체현'하는 것이다. '몸'으로 세상의 상황이 설정된 이야기 안으로 뛰어 들어가 그 이야기가 이끄는 것을 경험하며 이야기의 의미를 몸으로 표현해 내는 것이다. '성서의 현상학'이 이루어지는 경험인 것이다. 몸의 현상학과 비블리오드라마의 접점과 평행선이 흰 불꽃에서 발견되는 것이다. 피터 피첼은 다음과 같이 이야기한다.

"나는 참여자들이 상상력을 동원하여 본문의 새로운 의미 지평으로 진입하기를 바란다. 나는 (디렉터로서) 사람들이 창조적으로 협력하면서 하나의 드라마를 만드는 장면을 만들도록 돕는다. 비록 즉흥적이고 순간적이긴 하지만 비블리오드라마는 창의적 감각을 공유하게 한다. 나는 집단 한 사람 한 사람… 인물을 연기하는 과정에서 그들이 각 개인의 문제와 맞닥뜨리길 원한다. 만일 그것이 성공할 경우, 각자 역할 연기에서 벗어나 편안함과 침묵 속에서 자기 자신을 관찰할 수 있는 자유를 얻게 될 것을 확신하기 때문이다. 그러한 과정을 통해 사람들은 오히려 하나님을 더 구체적으로 경험하는 기회를 얻게 된다. 비블리오드라마는 이러한 놀라운 경험을 드러나게 한다."(Pitzele, 2016, p.248)

필자가 마가복음 1장을 가지고 실시한 비블리오드라마 〈집 떠나는 아들들〉의 실시 사례를 살펴보자. "나를 따라오라 내가 너희를 사람 낚는 어부가 되게 하리라" 하는 예수의 말을 듣고 어부인 야고보와 요한은 집을 떠나려 한다. 그래서 아버지 세배대에게 이제는 그물을 내려놓고 집을 나서겠다고 한다. 아들들의 말을 듣고 아버지는 망설이다가 아들들의 장래를 위해서 좋은 선생에게 보내는 것이 옳다고 생각하여 아들들이 집 나가는 것을 허락한다. 하지만 어머니는 반대를 한다. 왜 꼭 집을 떠나서 밖으로 나가야 하느냐고 왜 사서 고생을 하려 하느냐고 한사코 만류한다. 그리고 그 자리에 화를 내는 사람들도 있었다. 일꾼들이었다. 주인의 아들들이 떠나고 나면 산더미 같은 일들이 자기에게 밀려오게 될 것이라고 불평하는 사람들이다. 이 모든 성경인물은 이야기의 개연성을 허락하는 비블리오드라마에서 무대 위에 오를 수 있다. 어떤 이는 성경에 일꾼들은 나오지만 어머니는 나오지 않는데 왜 성서이야기를 재연할 때 포함시키느냐고 반박할지 모른다. 하지만 세상에 어떤 자식이 어머니 없이 태어날 수 있으며 이 땅에 나올 수 있었겠는가? 물론 어떤 이들은 야고보와 요한의 어머니가 이미 세상을 떠난 죽은 사람이어서 본문에 등장하지 않았을 수도 있다 한다. 그것도 개연적인 생각이다. 그래서 받아들여질 수 있다. 돌아가신 어머니로 등장하면 된다. 비블리오드라마가 왜 죽은 사람을 포함하느냐고 비판할 수도 있다. 하지만 이것도 문제가 되지 않는다. 집을 떠나 길을 나서는 아들들에게는 집에 홀로 남겨지는 어머니나, 돌아가신 어머니나 모두가 마음속에서 영향을 미치는 내면의 존재들이기 때문이다. 어쨌든 어머니가 자기에게 집을 나가지 말라고 안타까이 외치는 소리를 들으며 아들들은 어머니를 설득해야 하는 과제에 직면한다. 하나님의 일을 위하여 집을 떠나는 사람들이 겪는, 필연적인 과제가 아닐 수 없다. 비블리오드라마는 이처럼 인간 실제적 삶의 정황과 그 안에서 일어나는 갈등을 이야기로 수용하되 행위로 표출하여 다루어가는 과정을 택한다.

둘째, 비블리오드라마의 참여자들은 성경을 통해 인간의 삶과 맞닿는 경험을 한다.

피터 피첼은 하나님의 말씀이 경전의 글자에만 머물지 않고 여백을 통해 인간의 삶을 향하고 있다고 보았다. 그래서 비블리오드라마를 전개함에 있어서 성서의 본문 자료를 활용하되 글자들 행간이나 여백 안에 담긴 인간 삶의 구체적인 장면들을 상상하게 하였고 그렇게 확장되는 내용을 신체동작을 통해 표현하도록 도왔다. 이렇게 참여자 삶의 정황을 드러내는 비블리오드라마야 말로 성서의 메시지가 온전히 전달되는 장이다. 비블리오드라마가 삶의 실존, 그 한복판에 서 있는 인간에게 하나님의 말씀을 제대로 전달하는 방법이 되는 것이다.

실제로 필자가 실시한 사례를 보자. 앞서 언급한 대로 창세기 29장의 〈레아와 야곱 첫날 밤〉 사건에서 비블리오드라마 속 야곱은 첫날밤을 치르고 나서 자기와 함께 잔 여인이 라헬이 아니라 레아임을 발견하고 화를 낸다. 그러자 즉흥적으로 레아가 항변한다. "아니, 얼굴이 왜 그래? 얼굴 좀 펴!" 야곱이 움츠리며 대꾸한다. "하지만 너는 라헬이 아니잖아!" 레아가 항거한다. "왜 정말 이래? 그래 나는 레아야. 그리고 이제 내가 당신의 아내야!" 심한 말투가 오고 가는 대화이지만 지극히 현실적인 표현들이다. 첫날밤을 함께 보낸 자신을 무시하는 남편 야곱을 향하여 현대판 아내가 할 수 있는 항거이다.

필자는 이 장면을 가지고 드라마로 부부 세미나를 진행한 적도 있었다. 세미나 참가자들을 모두 야곱과 레아 두편으로 나누어 어느 한 편이 되게 하자 서로 '웃으며 싸우는' 아주 재미있는 일이 벌어졌다. 그런데 가장 중요한 순간에 외쳤다. "모두 역할을 바꿔요! 이제부터 야곱 들은 레아들이 되고, 레아들은 야곱 들이 되는 것입니다. 그렇게 바뀐 역할이 되어 남편은 아내와, 아내는 남편과 다시 싸워봅니다." 모두 갑자기 바뀐 역할에 당혹스러움을 감추지 못했지만 이내 낄낄거리며 상대방의 입장이 되어 다시 다투는 형국을 벌인다. 이 역할 바꾸기가 상대방의 입장을 헤아리는 기회가 되었다. 모두 싸움을 마친 후 자기 자리로 되돌아와 상대방에게 해주고 싶은 말을 하는 시간을 가졌다. 이제는 아내를 이해하는 남편의 입장에서, 그리고 남편을 이해하는 아내의 입장에서 자기가 하고 싶은 말을 상대방에게 설득력 있게 말하게 되었다. 레아가 말했다. "이제 이 결혼 물릴 수 없어요. 나는 틀림없이 당신의 아내예요. 알아요. 나보다 당신이 라헬을 더 좋아하는 것을 알지만 나는 당신의 사랑을 차지하기 위하여 온 힘을 기울일 거예요. 그리고 하나님께서도 나를 도우실 거예요. 나는 기도하고 있어요!" 야곱이 대답했다. "그래 레아! 엎질러진 물이니 나에게 책임이 더 크다는 것을 알아요. 그렇게 까지 하면서 나에게 들어온 당신이 고맙소! 그 마음 기억 하겠소." 드라마를 마친 후 전체가 〈나눔〉의 자리로 돌아와 앉았을 때 모든 참여자들은 부부로서 함께 살면서 풀어야 했던 과제들과 에피소드를 심도 있게 나누었다. 모두 웃고 즐기며 슬펐던 일까지도 공감하며 나누는 시간이 되었다.

만일 이 부부 세미나를 성경이나 심리학의 지혜, 원칙들 몇 개를 모아 강연을 한다고 생각해 보자. 아내는 남편에게 순종하라고 그것이 성경의 가르침이라고 주장할 수도 있다. 남자와 여자는 "화성과 금성에서 온 외계인들"처럼 다른 존재들이니 부부가 서로를 이해하는 방법을 깨우치는 강연도 첨가할 수도 있다. 하지만 한 사람의 강연자가 준비하고 진행하는 강연보다 비블리오드라마는 훨씬 더 큰 임팩트를 준다. 회중 전체가 성경의 인물과 동일시되어 펼치는 드라마는 한 사람이 나눌 수 있는 지혜와 능력의 한계를 뛰어넘어 다차원적으로 삶의 정황을 나열하며 실제적으로 성경의 이야기를 표현하고 의미를 깨닫게 한다. 무엇보다 성경을 진정성 있게 즐기며 받아들이게 된다.

메를로-퐁티도 랑그와 파롤을 설명한 바 있는데 이는 피터 피첼이 말하는 미드라쉬, 특별히 하얀 불꽃의 의미를 시사한다. 랑그(langue)란 관습적인 문법 혹은 보편적인 규칙으로서 우리가 사용하는 말을 뜻한다. 바로 성경을 해석하는 특정 신학적 기준이나 규범들과 같다. 하지만 성경을 계속 읽어가다 보면 개인이 경험한 기억과 이미지를 떠올리게 하는 부분이 생긴다. 바로 파롤(parole)이다. 이는 개인이 삶의 정황 속에서 드러내는 구체적인 말들이다. 삶이 연결된 말, 그래서 더 살아있는 기운이 묻어 있는 말들이다.(서동욱, 2014, p.119)

비블리오드라마로 성경의 이야기를 재연하다 보면 이렇게 삶과 연관된 경험들이 떠오르며 관습적으로 듣던 설교나 교리의 내용들을 뛰어넘는 넓은 의미에서 감동이 밀려온다. 이는 파롤에 의하여 연기되는 비블리오드라마 참여자들의 언어이다. 비블리오드라마는 이렇게 삶의 정황이 드러나고 그 갈등을 다루어가는 실제적 삶을 연기하고 배우는 현장이다.

셋째, 비블리오드라마를 통해 성경의 메시지가 관념이 아닌 몸으로 체현(enactment, 몸으로 표현하고 몸으로 의미를 깨달음)되는 경험을 한다. 피터 피첼에 의하면 비블리오드라마는 참여자가 '몸'으로 인간 실존의 '생활세계'에 위치하여 삶의 구체적인 상황 속에서 드러나는 의미를 깨닫는 과정이다. 과거에는 '머리'를 사용하여 관념적 신학의 차원에서 성경이 발하는 의미를 파악하려 했지만 이제는 '몸'을 기반으로 하여 성경이 드러내는 의미들을 얻는 시간을 선사한다.

이와 관련해서 실시한 비블리오드라마 사례는 마가복음 4장의 〈하나님의 나라는 작은 겨자씨〉와 같다는 말씀이었다. 하나의 작은 씨앗조차도 땅에 뿌려져 자라나면 새들이 깃들이는 축복의 자리가 되는데 지금-이곳에서 그 하나님의 나라를 경험할 수 있다는 가르침이다. 이 비유는 겨우 몇 개의 구절로 이루어져 있다. 그래서 입으로 읽으며 머리로 이해하는데 1분도 걸리지 않는다. 하지만 하나의 씨앗이 자라나 나무가 되어 하나님의 나라를 보여주기까지 걸리는 시간과 에너지는 얼마나 될까? 이야기를 들은 참여자들이 '몸'으로 그것을 표현하기로 했다. 장면들의 전개는 이러했다.

하나의 씨앗이 농부의 손에서 날리어 밭에 떨어지는 장면: 모두가 씨앗 하나를 두 손가락으로 짚고서 교실 곳곳을 돌아다니며 날아다니는 체험을 하다가 다시 모여 한 마디 씩 자기 심정을 말한다.

씨앗A: "나는 하나의 씨앗이다. 주인의 손을 벗어나 어딘가로 떨어지고 있다. 두렵다"
씨앗B: "나는 불안하다. 앞으로 무슨 일이 나에게 닥칠지 모르기 때문이다."
씨앗C: "나는 외롭다. 나는 이제 주인 없이 철저히 혼자이기 때문이다."
씨앗D: "나는 뭔가 기대가 된다... 아직 모르지만 미지의 세계에서 나의 인생이 시작될 것이고 나는 힘을 다하여 새 삶을 개척해 나갈 것이다.

이어서 두 번째 장면으로 모두 씨앗이 땅에 떨어져 흙(토양) 안으로 담기는 장면에 참여한다. 모두가 오른손으로 짚고 있는 씨앗을 왼손 손바닥 안으로 가만히 떨어뜨린다. 그리고 모두 흙이 되어 손가락을 모아 씨앗을 부드럽게 품으며 각자 한마디씩 말한다.

흙A: "작은 씨앗아, 어서 와! 나는 좋은 흙이야. 너를 품어 줄게. 네가 잘 자라나도록 도와 줄게."
흙B: "어서 와! 너무 걱정말아. 여기엔 네가 자라는데 필요한 모든 것이 있단다."
흙C: "어디 힘든 거나 아픈 마음 있으면 말해. 내가 어루만져 줄게."

그리고 마지막 장면으로 이어진다. 씨앗이 자라나 나무가 되는 장면이다. 모두가 흙이 되거나 씨앗, 뿌리, 줄기, 나무 기둥, 가지, 잎사귀가 되어 씨앗이 자라나는 과정을 몸으로 표현한다. 교실 중앙에 4-5명으로 이루어진 커다란 나무가 만들어진다. 그리고 새들의 역할을 맡은 이들이 날아오는 시늉을 하며 다가온다. 새들이 나무에 기대어 쉬는 몸짓을 보이며 나무와 이야기를 나눈다. 여기저기서 새들은 나무에게서 포근한 쉼터를 느낀다고 하고 나무는 자기에게서 쉬어 가는 새들로 인하여 보람이 느껴진다고 말하는 소리가 들린다. 그때 하늘나라는 이와 같다는 내레이터의 음성이 들려온다. 작업을 모두 마친 후 비블리오드라마에 참여한 이들은 모두 모여 〈나눔〉의 시간을 가졌다. 그리스도가 말한 하나님의 나라가 이제 어떻게 느껴지는가 하는 질문에 답한 말들이다.

"생생했다",
"나의 고민, 나의 아픔에서 시작되는 곳임을 알았다",
"누군가의 아픔을 받아주고 품어주는 일이 이렇게 소중한 일인지 몰랐다. 그것이 하나님의 나라라니 더욱 놀랐다",
"설교로만 들을 때는 느껴보지 못했는데 몸으로 성경 이야기를 직업 표현해 보니 그 의미가 확 다가왔다"라고 전했다.

이처럼 비블리오드라마는 '하나님의 나라'를 말로 의식하여 마음에 받아들이는 통전적인 방법이 아니라 '몸'으로 참여하고 표현하며 깨닫는 '체현'의 과정을 택한다. '몸'으로 시연되는 경험은 우리가 살아가는 '생활세계' 경험이다. 세계-내-존재로서 참여자는 자신의 존재를 몸으로 직접 체험하고 드러낼 수 있다. 그리고 삶의 도전과 갈등을 향하여 적극적으로 직면할 존재의 용기를 가진다. 이것이 성경이 우리에게 삶의 현장에서 경험하고 취하기를 원하는 믿음의 행동이기도 하다. 드라마는 성서 메시지를 나타내 보여준다. 몸으로 인간 앞에 놓인 삶의 현실을 그대로 기술하고 표현하여 새로운 깨달음을 얻으며 삶에 필요한 역할과 행위를 연습하게 도와준다.(황헌영, 2007, p.218) 몸의 현상학에서 말하는 몸으로 육화된 세상에서 몸으로 표현하고 몸으로 의미를 체험하는 체현(enactment)의 작용이 비블리오드라마의 현장에서 가능해진다.

<표 3> 비블리오드라마의 대화 모습

(창세기 3장의 선과 악을 알게 해주는 나무를 대하는 아담과 하와가 즉흥적으로 펼친 대화)

아담1: (하와에게 돌아서서) "저기 있는 나무를 가지고 무엇을 할 수 있을까?"

하와1: (질문에 바로 대답을 하지 않고 호전적으로 쳐다보며) "당신은 늘 그렇게 겁쟁이죠? 자기가 하고 싶은 것을 못하고 나에게 물어보는…" (둘 사이의 분위기 싸~해 진다) "말해봐요. 당신은 행복해요? 나랑 같이 있는 거 행복한지?"

아담2: "내 안에는, 당신이 그렇게 질문하는 것을 좋아하지 않는 뭔가가 있어" (하고 외친 후 몸을 뒤로 빼어 서서히 사라진다)

하와2: (선악과를 쳐다보며) "진짜 저거, 보암직스럽네. 참 먹음직스럽기도 하고! 저걸 먹으면 (남편 대신에) 내 머리가 확 트일지도 몰라!" (Krondorfer, 2008, p.105)

한국 비블리오드라마 협회의 비블리오드라마 수퍼바이저 이봉섭(2020)은 위 비블리오드라마의 작업을 실시한 이후 개인의 '몸의 경험'이 성경을 대하는 과정에서 어떻게 작용했는지 다음과 같이 밝힌다.

"(위 비블리오드라마에 참여한) 두 사람(아담과 하와의 역할을 재연한 사람들)은 왜 인지 알 수는 없으나, 불편 해졌다. 드라마를 마치고 나눔의 시간에 그들은 말하기를 마음만이 아니라 몸으로도 그것을 느꼈다고 한다. 아담은 아내(하와1)의 질문을 받고 당황했다고 한다. 마치 자기 몸이 과거의 어떤 긴장과 불편함을 담고 있는 것 같았다. 하와도 자기 몸이 원하는 대로 말(하와2)을 한 것 같았다. 과거의 경험이 몸에 기억되어 혼자 남아 나무를 바라보았을 때 남편이 못하는 것을 자기는 할 수 있다는 식으로 그런 말을 한 것이다…

비블리오드라마의 몸은 성경의 본문과 개인 경험의 연결점이다. 성경이 우리와 만나 우리 인생을 읽어 주는 중요한 통로 역할을 하며, 성경의 이야기와 참여자의 삶이 공명하는 중요한 공간으로 작용한다. 몸을 사용하여 연기함으로써 참여자는 해석학적 놀이를 시작한다. 몸은 비블리오드라마 연기의 시작이며, 비블리오드라마의 무대가 개인의 경험에서 공동체의 경험으로 확장되는 것을 가능하게 하는 의미를 보여준다."(이봉섭, 2020, 비블리오드라마의 연기, p.199-200)

상호주관적 행위의 창조력

인간 삶의 상황을 다루는 비블리오드라마는 모레노(J. L. Moreno)의 심리극(Psychodrama)이 제공하는 사회도해(sociogram)에 따라 사회원자(social atom)에 의해 구성되는 인간관계망을 파악하고 활용하여 드라마를 시연하기도 한다. 사회원자란 개개인의 감정을 구성하는 근원적인 사회적 관계의 구성요소를 말한다.(J.L. Moreno, 1939, p.3) 1920년대 심리극이 등장하기 이전에 심리치료계는 개인의 문제를 정신 내적으로 해석하여 유아기의 욕구 억압, 혹은 대상관계 경험의 양상을 찾아 건강한 정신표상을 세워주는 경향으로 발전했다. 하지만 J. L. Moreno는 인간의 문제가 개인의 정신 내적인 영역만이 아닌 사회적 관계 경험 및 그것에 연결된 역할의 갈등에서 오는 것으로 주장하며 개인이 속한 사회내 관계 속에 흐르는 힘을 측정하고 개선하는 작업을 고안하여 관계측정학(혹은 사회측정학 sociometry)이라 명하였다.[62] 이를 통해 상담심리치료계는 개개인의 정신 내적 세계에 대한 통찰 및 처방에 초점을 맞추던 전통적 방식에 더하여 개인이 속한 사회(가족 및 기타 공동체) 안에서 인간관계 갈등을 살피고 개선하는 집단상담의 방법을 발전시키게 되었다. 오늘날 실시되고 있는 비블리오드라마 역시 심리극의 관계측정학(sociometry)을 적극 도입하는데 그것이 도입 부분부터 종결에 이르기까지 어떻게 비블리오드라마의 진행에 중요한 요소가 되어 효과를 가져오는지 살펴보도록 한다.

드라마로 그려지는 사회도해

비블리오드라마 집단의 참여자들은 주어진 본문 속에 등장하는 성경인물과 그가 처한 상황 가운데서 심리사회적 관계들을 동일시하며 자발적으로 드라마에 참여하게 된다. 그리고 성경의 이야기가 드라마로 표현될 때에 참여자들은 성경의 인물들이 처했던 상호관계를 이해하고 성경인물들의 사회도해를 통찰하게 된다. 사회도해란 한마디로 말해 한 개인의 마음속에 그려지는 심리사회적 관계의 지도라 할 수 있다.

〈표4〉

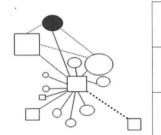

남자 ☐	친밀한 관계	▬▬▬
여자 ○	소원한 관계	··············
사물 △	기타	사망(배부짙은색) 텔레(선의 길이로 표현)

개인의 삶에는 사회적 구성요소들이 있기 마련인데 그것으로 인하여 마음속에 감정 및 관계의 지도가 형성된다. 이 요소들은 사람과 사물, 심지어 추상적 개념이나 사회계층과 기관까지 모두 포함될 수 있다. 마치 꿈에 등장하는 모든 요소들이 개인의 심성을 구성하는 요소들을 보여 주는 것처럼 지금-현재의 '나'에 관계되는 모든 것들이 사회도해 안에 그려진다. 예를 들어 창세기 27장에서 야곱이 장자권을 가로채 도망친 날, 남아있는 식구들이 둘러앉은 저녁 식사 테이블을 에서의 입장에서 그려보면 그가 삶에서 느끼고 경험하는 사회원자들의 모습을 보여준다. 에서의 마음에는 분노의 대상 야곱

(멀리 그려짐), 야속하기만 한 어머니(갈등의 선으로 연결됨), 어처구니없이 실수한 아버지 (사랑과 미움의 모호한 관계) 그리고 아버지에게 드려진 별미 염소 고기도 미운 대상으로 그려진다.

성경인물 사마리아 여인이 지금-여기 우물가에서 물을 긷고 있을 때 그녀의 마음속에 그려지는 사회원자들은 어떠할까? 이 여인은 자기 자신을 포함하여 자기를 비난하는 동네 사람들, 자기의 가족들(살아있는 사람과 죽은 사람 모두 포함)과 예수가 그려질 것이다. 그리고 이야기 가운데 등장하는 우물, 두레박, 바위도 단지 소품에 불과하지 않다. 사마리아 여인은 지난 20년간 이곳 우물가에 와서 두레박으로 물을 긷다가 바위에 앉아 혼자 한숨을 쉬곤 했으니 우물, 물, 두레박 그리고 바위 모두 그녀의 마음의 외로움의 현장을 보여주는 사물들이다. 따라서 그녀의 마음에 있는 감정의 지도에 이들이 차지하는 위치가 있다.

비블리오드라마에 참여하는 모든 이들이 성경인물에 대한 사회도해를 함께 그려보며 소그룹에서 나눌 수 있다. 그러면 성경 안 인물들의 사회적 관계성을 더욱 잘 이해할 수 있고 성경인물과 심층적 대화를 나누고 싶어하는 자발성이 더욱 커진다. 참여자는 어느샌가 성경인물이 처한 상황 안으로 들어가 그의 심정을 표현해 보고 싶은 '행위갈망'(심리극의 용어)을 느낀다. 성경인물과 비블리오드라마 참여자가 상호주관적으로 연결되어 그 세계를 향하여 들어가려는 '몸의 지향성'을 느끼는 것이다.

상호주관적 드라마의 현장

비블리오드라마의 참여자들은 사회도해 작업을 통해 사회관계성을 측정(sociometry)하고 관계성(텔레)이 증진됨에 따라 집단원들과 함께 뛰어 들어갈 '몸'의 준비가 된다. 즉, 몸의 행위갈망이 동기화되는 것이다. 이에 따라 참여자는 성경 인물 가운데 자신과 가깝게 느껴지는 인물을 선택하게 되고 이야기 속의 다양한 캐릭터들을 선택한 다른 참여자들과 함께 모여 상호주관적 교류의 드라마를 펼칠 기회를 얻는다. '몸'으로 성경 안의 인물이 되어 보고 성경 안의 다른 중요한 타자들과 상호주관적 나눔을 위해 행위로 자신을 표현할 준비가 된다. 그렇게 준비되고 드디어 드라마를 통한 상호작용으로 옮겨질 때 다음과 같은 상호주관적 경험이 발생한다.

그 첫 번째로 참여자는 성경의 인물과 동일시하는 경험을 한다. 이미 사회도해를 통해 소그룹에서 나눈 바 있지만 비블리오드라마의 참여자들은 본문을 처음 읽으면서 특별히 끌리는 인물을 선택하고자 하는 지향성을 보인다. 이는 그 성경인물을 단순히 더 알고 싶어하는 마음만은 아니다. 비블리오드라마는 보통 성경의 이야기를 읽은 후 본문에 나오는 인물들로 사회도해를 한 후에 캐릭터(사회원자)들의 마음을 대변할 색깔 천을 고르는 작업을 한다. 이 작업은 성경 안에 캐릭터들의 심정을 '개념'(머리의 작업)이 아닌 '감각'(몸의 작업)으로 느끼고 그 인물과 참가자들을 연결시켜 준다. 참여자들은 본문에서 오늘 따라 특히 '나'에게 와 닿는(연결되는 듯한) 인물을 선택하여 그 인물별로 그 심정에 어울리는 색깔 천을 가지고 모인다. 예를 들어 야곱이 떠나고 없는 집안 저녁 테이블을 재연하는 비블리오드라마에서 한 무리의 사람들은 에서라는 캐릭터를, 또 다른 한 무리는 야곱이라는 캐릭터를, 그리고 아버지 이삭과 어머니 리브가라는 캐릭터들을 선택하여 모이는 무리들로 인하여 여러 그룹들이 조성된다. 특정 성경인물에 뭔가 직관적으로 (intuitively) 같은 것을 느낀 사람들끼리 모이는 것이다. 심리극에서는 집단 안에서 사람들 사이의 서로 밀고 당기는 듯한 이러한 에너지가 흐르는 느낌을 '텔레'(tele)라고 한다. 비블리오드라마에서는 이 텔레에 따라 사람들은 성경인물을 직관적으로 선택하고 또한 함께 이야기하며 움직일 그룹을 택하게 된다. 이 비블리오드라마에서도 동일한 직관을 느끼고 같은 성경인물을 선택한 사람들끼리 함께 소그룹을 이루게 된 것이다. 이들은 모두 그 캐릭터를 불쌍히 여기거나 아니면 최근 자신의 삶과 비슷해 보이는 인물을 선택했을 수도 있다. 그리고 이러한 선택은 즉흥적이기에 고정적이지 않다. 단지 지금-여기서의 선택일 뿐이다. 중요한 것은 그 선택을 '머리'로 하는 것은 아니라는 사실이다. 색깔 천의 감각과 직관을 동원하는 '몸'이 선택한 인물들인 것이다. 그런 까닭에 사람들은 평소에 좋아하지 않던 캐릭터들인 (인간 타락이야기 중에서) 뱀, (그리스도의 수난 이야기에서) 유다, 그리고 (천대받는) 사마리아 여인이나 혹은 (토색한 죄인) 삭개오, 그리고 간음의 현장에서 붙들린 여인도 선택할 수 있다. 중요한 것은 누구를 선택하든 참여자들은 같은 선택을 한 이들(텔레가 통했던 이들)과 어울리며 점차 그 캐릭터의 입장을 이해하고 그 심정을 헤아리며 동일시해 가는 느낌을 얻게 된다. 그리고 자발적으로 '나'가 그 성경인물이 되고 성경인물이 또한 '나'가 되면서 드라마에 참여하여 자연스럽게 행위를 표출하게 되는데 이때 성경인물과 신비로운 연합이 더욱 깊어지는 경험을 하게 된다.

여기서 성경인물의 심정을 동일시하며 그것을 몸의 행위로 표현(드라마)하게 하는 작동은 메를로-퐁티가 말한 '신체도식'의 작업이라 할 수 있다. 성경 이야기 안으로 들어온 비블리오드라마의 참여자들은 이제 신체도식이 발동하여 다른 인물들과 상호작용을 하며 성경인물의 심정을 표현해 낸다. 동일시한 성경인물의 역할을 맡아 그 역할의 심정을 행위로 재연 (reenactment)하다 보면 감정의 정화와 통찰이 찾아오는 것을 경험할 수 있다. 예를 들어, 레아의 역할을 맡아 무대에 오른 참여자는 남편 야곱이 첫날 밤을 치르고서도 자기가 원하던 신부가 아니라고 불평할 때 그의 역할을 맡은 이에게 꼭 해주고 싶은 말이 올라온다. "얼굴 좀 펴! 얼굴이 왜 그래? 이제 내가 당신의 아내야. 그건 틀림없는 사실이라구!" 이 한마디의 말이 레아의 역할을 맡은 사람 뿐만 아니라 그 자리에 모인 모든 사람의 마음을 시원하게 했다(감정정화가 일어난 것이다). 그리고 동생의 미모 때문에 늘 주눅이 들어 살던 레아는 이 말을 통해 삶에 주도적으로 대응하는 사람의 역할을 연습하게 된 셈이다(자기 통찰이 표현으로 이어짐).

이렇게 성서인물의 역할을 재연하다 보면 성경이 그 인물에게 말하는 메시지를 깨닫는 사건이 발생한다. 이 레아 이야기를 할당한 성경이 레아라는 성경 캐릭터에게 전해주고 싶었던 선물이 바로 이 감정정화와 통찰 그리고 담대히 용기를 내어 말로 표현하는 행위였던 것임을 알 수 있다. 이 역할을 맡아 드라마에 참여한 이와 다른 캐릭터들 그리고 이를 지켜보는 온 청중들까지 모두 "아하!"하는 깨달음의 탄성을 갖게 하는 것이다. 특정 성경인물과 그 역할을 맡아 참여한 비블리오드라마의 참여자 사이에 동일시를 통해 일어난 상호주관적 교감의 효과인 것이다.

둘째, 선택한 성경의 인물은 그의 사회적 관계 갈등을 극복한다. 더하여 비블리오드라마의 상호주관적 교류는 성경과 참여자 사이에서 뿐 아니라 한 성경인물과 다른 성경인물들 사이의 드라마 교류 속에서도 일어난다. 참여자는 자기가 선택한 성경인물이 처한 입장과 심정을 그 인물이 속한 사회적 관계의 사회원자들(이야기 속의 다른 인물들)과 갈등의 교류 행위 속에서 더욱 심각하게 느끼며 관계 양상을 표현하게 된다. 마가복음 1장으로 〈집 떠나는 아들들〉 비블리오드라마를 실행할 때 가장 심한 갈등으로 재연되는 부분은 역시 어부 아버지와 고깃배, 그물을 뒤로 하고 집을 떠나려 하는 아들들(야고보와 요한)과 그것을 반대하는 아버지(혹은 어머니)와 갈등이다. 상호 갈등의 대화가 한참 오고 가면서 디렉터는 야고보와 요한을 슬며시 빼내어 이 난국을 해결할 수 있는 방법을 서로 논의해 보라고 한다. 어떻게 하면 아버지를 설득하고 길을 나설 수 있는지 둘이 한 번 의논해 보라고 한다. 이 두 아들의 역할을 맡은 이들이 잠시 이야기를 나눈 후 다시 드라마로 돌아온다. 그때 화가 난 아버지가 먼저 외친다. "야, 이 녀석들아! 너희들이 이 일을 그만두면 어떻게 되는 줄 알아? 정신 차려! 그런 안일한 정신으로 앞으로 어떻게 먹고 살려고 그래?" 그러자 아들들이 이번에는 공손히 아버지에게 아뢴다. "아버지, 우리는 '과(전공)'이 달라요. 예수님과 진로상담 다 받아 봤어요! 우리는 물고기 잡는 과(전공)가 아니라 사람 낚는 과(전공)에요. 그게 우리 진로 적성이래요. 그러니 아버지 우리가 맞는 전공을 택해 열심히 일할 수 있도록 아버지께서 허락해 주세요. 틀림없이 성공 할게요!"과가 다르다는 말(진로 적성)을 하는 아들들의 말에 드라마의 참여자들과 청중 모두 한바탕 크게 웃으며 아버지 역할을 맡은 이가 드디어 아들들이 떠나는 것을 허락하는 장면으로 드라마를 마치게 된다. 물론, 이 비블리오드라마는 극본이 없이 즉흥적으로 올라오는 대화로만 진행된 것이었다. 극본없이 성경이야기를 재연하는 중에 얻게 되는 통찰만으로 갈등을 해결해 나가는 창조적인 경험이 되었다. 아들들은 아버지와 아버지는 아들들과 즉흥적으로 갈등을 표현하였고 이 갈등 속에서 상호주관적으로 느낀 바 내용을 가지고 해결책까지 다다르게 되는 놀라운 경험이었다.

이처럼 비블리오드라마는 상호작용의 경험을 통해 성경 이야기 깊은 곳에 담긴 메시지를 발견하게 한다. 주어진 성경 본문에는 항상 갈등의 상황이 있지만 비블리오드라마는 참여자들로 하여금 상호주관적인 교류를 통하여 성경이 드러내는 새로운 의미를 발견하는 지점에 이르도록 이끌어 준다. 물론 이것은 책상위에서 머리를 싸매고 본문을 분석하고 연구하여 이루어질 수 있는 일이 아니다. 그러한 머리의 작업으로 인하여 아무리 좋은 아이디어가 생긴다 하더라도 '몸'으로 실행하여야 실제적인 경험이 될 수 있을 뿐이다. 참여자들이 성경의 본문 안으로 뛰어들어 온몸으로 그 이야기를 '살아 볼 때에'(재연해 볼 때에) 비로소 즉흥적으로 올라오는 창조적인 지혜를 깨달아 얻게 되는 효과이다.

성서인물의 심정을 이렇게 사회관계의 망 속에서 '몸'을 움직여 표현할 때 성경인물의 사회도해를 몸으로 느낄 수 있게 된다. 이로 인해 참여자들은 상호주관적으로 '나'와 '너'(세계)가 서로 만나 새로운 행위를 창출해 내고자 하는 행위갈망이 더 커진다. 본문 속 사회적 관계가 갖고 있는 갈등을 상호신체적으로 풀어내고자 하는 열망이 연출되는 것이다. 슈람(T.F. Schramm, 2008)의 말 대로 "성경 드라마에 뛰어 들어간 존재"들은 더 이상 이야기를 "관망하는 관객"이 아니며 모두 함께 성경의 의미를 밝히고 새로운 삶을 위해 동기화되는 존재가 된다.(p.139) 바로 메를로-퐁티가 말하는 상호신체적 주관성의 교류로 일어나는 '체현'의 효과와 흡사하다. 몸으로 세계 안으로 뛰어 들어 세계-내-존재로서 타자들과 어울려 상호신체적으로 행위를 표현하고 이 행위를 통해 새로운 의미를 창출해 내는 몸의 현상학의 '현상'이 일어나는 모습이다.

그리고 최종적으로 참여자는 비블리오드라마를 통하여 자기가 확장되는 경험을 하게 된다. 비블리오드라마는 성경 이야기를 단순히 연기(replay)하는 것이 아니라 체현(enactment)하는 것이다. 체현이라 함은 성경 인물의 역할을 위해 뛰어든 참가자가 이야기에 참여하여 그 이야기 자체가 되어 그 이야기가 진정으로 드러내려고 하는(현상하는) 의미를 몸으로 드러내는 일을 말한다. 그리고 참가자는 성서인물을 통해 갈등이 극복되는 것을 체험하여 참가자 자신의 내면과 삶을 성찰하게 되어 자기 확장의 기회로 삼게 된다.

이러한 자기확장의 경험은 이미 드라마치료에서 임상적으로 경험되고 있는 사실이기도 하다. 주인공이 자기 자신과 만나 대화하며 자기를 확장하는 경험을 최고의 목표로 삼는다. 최헌진(2010)은 이러한 드라마치료의 현장에서 역할극에 참여하는 이는 자기를 확장하여 새로운 존재가 창조되는 경험을 한다고 말한다.

"(실제로) 몸을 통해 머리로서는 할 수 없었던 일들을 역할 연습하고, 나의 존재를 확장할 수 있는 기회가 된다. 내 몸은 마치 마술처럼 확장될 것이다. 바로 내 의식과 나의 사고 판단이 완고한 입법자 역할을 그만둔다면 말이다. 천사 같은 사람이 악마 역할을 그 누구보다 잘할 수 있다. 의존과 독립, 파괴와 생성, 공생과 분리, 열림과 닫힘 등 그 어떤 역할도 가능하다. 몸은 주체라는 감시자만 외출한다면 기적을 일굴 수 있는 텃밭이다. 진정한 나의 확장의 근거이다. 사이코드라마는 그러한 몸들을 위한 실험의 장이다."(최헌진, 사이코드라마, p.194)

드라마에 참여함으로써 얻는 이러한 자기확장의 경험은 단순한 감정정화와 통찰을 넘어서서 현실을 직면하는 새로운 역할의 획득인 동시에 자신의 삶을 얽어 매던 사슬을 풀고 새로운 인생을 살게 하는 것이다. 새로운 역할을 찾아 그것을 몸으로 표현하여 그 필요한 역할을 연습하는 계기를 얻을 수 있다. 이를 통해 현실을 직면할 수 있는 용기를 얻게 된다. '머리'가 아닌 '몸'은 이렇듯 드라마상에서 상호신체적 작업을 교류함으로써 사회적 관계의 통찰력을 깨우며 현실을 직면할 수 있는 역할연습을 가능하게 한다.

비블리오드라마에서도 이러한 자기확장의 경험이 일어난다. 그런데 비블리오드라마의 자기 확장은 단순히 이야기를 재연하는 것에서 오는 것이 아니다. 재연된 성경 이야기가 참가자를 주도적으로 이끌어 희망과 용기를 주며, 이를 통해 참가자가 진정한 변화를 향해 움직이게 하는 과정에서 창조적인 결과가 나타나게 된다. 곧 성경이야기는 치료나 성장을 위해서 사용되는 '객체'(대상)나 도구가 아니며 '주체'가 되어 사람들을 움직이며 성경의 뜻을 수용하고 새로운 역할을 경험하여 세상을 직면할 용기를 갖게 한다. 성경이 드러내는 뜻을 깨닫고 그 뜻을 몸으로 실행해 감으로써 얻어지는 새로운 역할의 연습을 통해 확신하게 한다. 비블리오드라마에서 성경 본문 자체가 주는 이러한 자기확장의 효과를 마르틴(2008)은 다음과 같이 묘사한다.

비블리오드라마는 성경의 본문을 경험할 수 있도록 하는 동시에 본문에서 벗어나지 않는 접근을
시도한다. 비블리오드라마의 참여자들은 성경에 담긴 본문과 그 상황속에서 자기의 삶을 연결하
는 방법을 배운다. 성경의 이야기 안으로 들어갈 때에 그 이야기들과 함께 어우러져 깨달음이 자
기의 삶에 연결된다. 비블리오드라마는 참가자들로 하여금 성경을 통해 모순과 방어를 하는 자기
자신을 알게하며 삶 속에서 말씀이 주는 힘과 자유를 얻도록 도와 준다... 성경을 통해 여러 소재
를 얻게 되고 씨름을 하거나 갈등을 느끼고 공감하면서 사람들은 간접적으로 자기 자신과의 만남
을 경험한다. 집단을 경험하는 과정과 그 것으로부터 연결되는 자신과의 만남은 비블리오드라마
의 가장 중요한 요소이다.(p.189)

비블리오드라마는 이처럼 성경 이야기를 재연할 때 그 의미가 구체화되
어 나타나는데 이는 신체적, 심리적, 사회적 존재가 통합적으로 나타나는 방
식이다. 바로 메를로-퐁티가 몸의 현상학을 통해 밝힌 대로 몸과 마음이 세계
와 함께 육화되어 연합체를 이루어 세계와 함께 행위로 자신을 표현하고 그
가운데서 의미를 창출해 내는 작업이 비블리오드라마에서도 나타난다. 참가
자는 몸'으로 성경에 뛰어들어 성경과 함께 상호주관적 행위를 교환하며 성
경이 드러내는 새로운 의미를 발현한다. 성경을 체현하는 비블리오드라마가
구현하는 성경의 뜻과 의미를 몸으로 경험하게 하는 것이다.

나눔에서의 상호주관적 경험

비블리오드라마의 마지막 단계인 〈나눔〉의 시간 역시 참여자들의 상호주
관적 행위들이 긍정적 효과로 이어지는 창조적 경험의 시간이 된다. 이 나눔
단계는 누가 연기를 잘했고 못 했는지, 누가 인상 깊었고 어색했는지를 평가

하는 시간이 아니다. 참여자들은 서로를 판단하지 않으며 비블리오드라마에서 느낀 바 소감을 나눈다. 연기자와 청중 모두가 신체활동을 통해 연결되어 '몸'의 경험을 함께 공감하고 있었기에 육화된 경험을 나누는 것이다. 무대 위로 오르지 않고 청중의 자리에 앉아 있던 이들도 무대 위의 사람들 만큼이나 올라오는 심정이 있었고 이를 함께 바라보며 육화된 이야기로 경험한 것을 나눌 수 있다.[63]

그리고 성경의 메시지에 대하여 가졌던 생각의 변화도 보게 된다. 필자가 진행한 창세기 35장의 레아와 라헬이 야곱을 사이에 두고 대결했던 비블리오드라마에서 드라마의 종결 부분에 두 여인이 서로 각기 하나님의 등을 바라보며 기도하는 장면이 있었다. 참여자들은 드라마 세션에서 각기 레아와 라헬로 나뉘어 각 인물을 동일시하였고 하나님께 기도하며 자신의 심정을 토로하였다. 나중에 나눔의 시간에 이르러 드라마 속에서 기도하면서 하나님께 자신의 서운하고 안타까운 심정을 토로한 경험도 나눈다. 이를 통해 감정의 정화도 경험했지만 서로(언니와 동생)의 기도를 들으면서 상호관계성 아래 서로를 이해하는 마음이 가능 해졌다는 고백도 나왔다. 인간의 이야기가 '상호이해의 거룩'을 경험하며 현실에서 실천할 수 있는 용기가 되는 연습을 경험했다는 것이다.

이렇게 비블리오드라마의 상호주관적 교감 나누기는 참여자들을 공동체 안에서 상호 연결하고 더 나아가 궁극적인 존재 하나님의 뜻을 수용하는 차원으로 까지 이어지게 한다. 이를 개개인이 기도와 명상 등을 통해 얻고자 한다면 엄청난 시간과 노력이 필요했을 것이다. 비블리오드라마 집단의 상호주관적 교류는 이처럼 짧은 시간에도 강렬하게 성서의 메시지를 경험하며 수용할 수 있는 효과를 가져온다.

　이것이 바로 비블리오드라마가 이루어 내는 통합적 열매 곧 '네페쉬'의 완성이다. Wynk(2008)는 히브리 사람들이 "네페쉬(nephesh) 라고 부르는 완전한 존재, 즉 "생명과 영혼이 깃든 몸"을 경험하는 일은 바로 이렇게 "육신을 통해 표현되고 완성되는 자아의 통합된 전체"를 의미한다고 했다.(p.254) 비블리오드라마에서 몸으로 표현하는 성경의 이야기는 인간의 이야기를 불러들이며 인간의 이야기와 연합하는 성육신의 사건이다. "성육화 된 말씀"(요한복음 1장)이 비블리오드라마의 현장에서도 경험되는 것이다. 바로 "육체와 영혼, 마음과 감정, 이성과 영성이 통합되는 일"이다.(p.255) 메를로-퐁티가 이야기한 대로 상호신체적 행위가 가져오는 체현은 위대한 경험이 아닐 수 없다. 비블리오드라마는 상호주관적 체현(행위의 표현과 의미의 체험)을 통해 자아를 확장하고 새로운 생명과 영혼을 경험하여 세상을 바꿀 수 있는 용기를 선사한다. 몸의 체현이 이루어 내는 놀라운 창조적 행위이다.

<표5> 나눔의 실제: 하혈증 여인의 이야기(마가복음 5장)

한국비블리오드라마협회 수퍼바이저 김희영(2020)은 자신이 인도한 비블리오드라마의 실제 나눔 현장에 있었던 모습을 다음과 같이 밝힌다. 각 성경인물 역할을 맡은 이들이 다음과 같이 소감을 밝힌다.

디렉터: "우리는 이제 성서의 이야기를 나의 이야기로 체험하는 여정을 마치었습니다. 그리고 이제는 이야기들 속에서 각자의 느낌과 생각, 그리고 자신의 경험을 나누는 시간을 갖고자 합니다. 장면에서 말하고 싶었는데 말할 기회를 놓쳤던 것이나, 역할을 수행할 때 깨닫지 못하였었는데 이제 떠오르는 것, 감동으로 다가왔던 것을 나누어 주세요. 한 가지 다른 사람의 연기나 이야기를 비난하거나 평가하지는 않습니다."

하혈증 여인: "오늘 비블리오드라마를 하면서 예수님이 자꾸 제 주변을 맴돌면서 저에게 옷깃을 잡을 기회를 주는 것처럼 느꼈어요. 그래서 한번 해보자 하는 마음에서 예수님의 옷자락에 손을 대었는데 예수님과 제가 연결되는 느낌 들어서 (울먹임) 너무 고마웠어요."

그리스도: "저는 하혈증 여인 역할을 하신 분이 옛날 저와 같아서 막 도와주고 싶은 마음이 들었어요. 저도 아이를 늦게 출산하고 산후우울증이 있었거든요. 그 때 모든 것이 완전 뒤죽박죽 힘들고 불안하였어요. 그때가 생각나서 이리저리 무기력하게 떠밀리는 하혈증 여인이 불쌍해 보였어요."

제자: "저는 선생님을 보호하는 역할을 하면서 사람들이 밀고 당길 때 빨리 거기서 벗어나고 싶었어요. 사람들이 너무 많아 힘들었는데 하혈증 여인이 주변을 맴도는 것이 짜증 났어요. 근데 지금 생각해 보니 예수님을 보호한 것이 아니라 예수님을 가로막고 있었던 게 아닌가 깨달아지네요."

"(비블리오드라마) 전체 과정을 마치고 난 후 디렉터는 여러 가지 감정의 여운에 휩싸인다. 비블리오드라마를 연출하다 보면 디렉터가 참여자들과 긍정적인 동맹을 맺는 데 실패하기도 하고 짧은 시간 안에 다룰 수 없는 저항을 경험하기도 한다. 각본 없이 이루어지는 비블리오드라마는 적지 않은 긴장감을 갖게 한다. 하지만 이것은 참여자들의 내면 역동이며 그 역동을 파도타기 하듯 넘을 용기만 있다면, 그리고 백지의 상태에서 참여자들의 말을 경청할 자세만 있다면, 성령께서 그 자리에서 가르쳐 주실 것(누가복음 12:12)이다…우리는 비블리오드라마 성찰(나눔)의 시간에 '나, 너, 우리'로 연결된 하느님을 느끼게 된다." (김희영, "비블리오드라마의 성찰," p.239-242, 247-248)

〈부록〉 비블리오드라마의 현상학적 분석

비블리오드라마에 참여하다 보면 우리가 성경을 읽는 것이 아니라 성경이 우리를 읽는 사건이 펼쳐진다. 성경이 드러내는 의미를 우리가 몸으로 참여하여 성경의 이야기를 표현할 때 깨닫게 되는 몸의 경험, 곧 체현이 일어난다. 비블리오드라마를 통해 우리 몸이 경험하는 현상은 다음과 같다.

비블리오드라마에 나타나는 우리 몸의 현상

첫째, **몸의 에포케**: 비블리오드라마에서는 주어진 성경이야기를 그 자체로 경험하는데 모든 진행의 초점을 맞춘다. 따라서 이 작업을 방해할 수 있는 어떠한 교리나 전통, 신학적 기준과 가치관을 내려놓는다. 성경 본문의 상황을 신체 감각으로 감지하고 지각하며 내용도 몸으로 자유롭게 표현하도록 허용함으로써 성경 자체가 드러내는 본문의 의미를 찾는, '몸'으로 찾는 '에포케' 작업을 한다. 이를 통해 우리가 성경을 읽는 것이 아니라 성경이 우리에게 전달하는 의미를 '몸'(전인적 존재)으로 깨닫는 작업이 가능해진다.

둘째, **상호신체적 주관성**: 성경이야기에 참여할 때 상호주관적 소통의 경험을 하게 된다. 비블리오드라마의 참여자들은 성경의 이야기를 행위로 표현하면서 점진적으로 성경 이야기에 연계(engaged)하고 성경인물과 동일시된다. 그리고 성경인물이 세상 속에서 경험한 감정을 공감하는 동시에 자기의 삶을 반추하며 감정정화와 통찰의 유익을 얻는다. 더하여 성경 본문이 드러내는 의미를 집단과 함께 공유하는 공동체적 심성, 곧 상호주관적 경험을 이루어 나간다.

셋째, **신체도식과 행위의 구조화**: 참여자들이 성경인물의 역할을 맡아 신체로 표현할 때 자기 삶의 현장을 투영하여 사회적 관계와 삶의 실제를 직면하는 역할 연습을 하게 된다. 이를 통하여 참여자는 삶 속에서 과도하게 행하던 역할을 정리하고 개선할 수 있다. 또한 필요한 역할을 '몸'으로 연습하여 체득하며 사람들과 효과적인 의사소통을 위한 훈련을 경험할 수 있다.

넷째, **체현으로 고양되는 영성**: 비블리오드라마의 참여자는 독자의 차원을 넘어서서 성경이야기의 참여자가 되어 성경의 뜻을 체험하고 전달하는 자가 된다. 성경본문을 몸으로 읽어 전인적인 접촉을 하게 됨으로써 성경이 전달하는 의미를 더욱 깊이 있게 깨달아 신앙의 대상과 돈독한 관계를 경험하고 영성이 깊이 있게 고양됨을 경험한다. 이를 통해 신앙적 삶의 초대에 응답하거나 소명을 따르는 삶으로 전환을 경험하기도 한다. (Carvalho, 2002, p.9-10)

비블리오드라마에 적용되는 몸의 현상학 주요 개념들

 * 체현(enactment): '몸'이 세상과 하나된 육화(embodiment)의 상태로 세상이 현상하는 것에 참여하며 동시에 그 현상을 몸으로 경험하는 행위를 말한다. 곧, 인간 생명체는 '머리'의 의식이 아닌 '몸'으로 세계를 향하고 세계 안에서 다른 존재들과 상호작용을 하며 세상과 함께 의미를 창조하는 것이다. 체현은 곧 '비블리오드라마'의 신체활동과 평행선을 이룬다. 비블리오드라마의 참가자는 '몸'으로 성경 이야기 안으로 들어가 성경과 함께 움직이고 행위로 표현하여 새로운 의미를 창출해 내는 경험을 한다.

* 육화(embodiment): 인간 생명체가 '머리'의 작용으로 삶을 영위할 수 없어 '물질' 세계와 연합한 상태가 되어 세상을 '살아가는 몸'(the living body)이 되는 경험을 말한다. 육화는 '머리'만이 아닌 온 '몸'으로 성경이야기를 경험하는 비블리오드라마의 전체 과정의 모습과 평행선을 이룬다.

* 몸의 지향호: 인간 생명체로 하여금 세계를 향하여 몸을 움직여 세계 안에서 위치를 잡고 그 공간과 상황에 맞게 감각-운동을 펼치게 하는 인간 존재의 원동력을 말한다. 이로 인해 인간 생명체는 세상과 함께 연합하여 육화(embodiment)된 상태로 신체도식을 형성하고 행위를 표현하며 세상에서 '살아가는 몸'(the living body)으로서 세계와 함께 하는 자신을 드러내는 현상의 주체가 된다. 비블리오드라마의 참여자들은 처음에 경직된 '몸'을 가지고 오지만 점차 '몸'이 자유롭게 풀어지면서 이야기 안으로 적극 뛰어들며 행위로 이야기를 재연하고자 하는 '행위갈망'을 경험한다. 몸의 지향호와 행위갈망은 평행선을 이루는 개념이다.

* 몸의 에포케: 현상학에서는 현상하는 것의 사태자체(thing-it-self)로 돌아가기 위하여 어떠한 선이해나 경험도 괄호치기 하여 내려놓는 에포케의 작업을 한다. 비블리오드라마에서도 주어진 성경이야기를 그 자체로 경험하기 위하여 이 작업을 방해할 수 있는 어떠한 교리나 전통, 신학적 기준과 가치관을 내려놓는다. 그리고 순수하게 '몸'으로 지각하는 내용들을 비판 없이 표현하도록 허용하여 성경 자체가 드러내는 의미를 찾는 '몸의 에포케' 작업을 한다. 즉 우리가 성경을 읽는 것이 아니라 성경이 우리에게 전달하는 의미를 '몸'(전인적 존재)으로 깨닫게 되는 작업을 말한다.

* 상호신체적 주관성의 교류: 우리 생명체의 '몸'이 세상과 상호 연결된 관계로 행위하여 세계-내-다른 존재들과 함께 공감하고 서로 주관적인 영역을 공유하며 새로운 행위를 창조해 내는 과정을 말한다. 세계-내-존재들인 몸은 서로 주체와 대상으로 참여한다. 감각적으로 서로를 횡단하고 교차하며 주어진 상황에 맞게 신체도식이 작동하여 행위를 표현한다. 비블리오드라마에서 성경 이야기가 드라마(신체의 움직임으로 이야기를 표현하는 행위)로 실행될 때, 이야기를 구성하는 성경 인물들을 연기하는 참가자들은 서로의 주관적인 세계를 공감하며 공유하고, 이를 통해 새로운 행위를 창출해낸다. 이는 비블리오드라마에서 이루어지는 상호신체적 주관성의 교류가 된다.

* 행위의 구조화 변혁: 세상 안에서 모든 존재들이 상호신체적인 활동을 통해서 서로의 주관적인 심정을 표현하고 공감하며 새로운 의미를 발견하여 현 상황과 요구에 맞게 도전을 받으며 새로운 행위로 구조화된다. 비블리오드라에서는 성경이야기 속의 인물들이 경험하는 갈등 구조를 재연하여 감정의 정화와 통찰에 도달하고 새로운 역할을 찾아 훈련하여 도전에 직면하고 갈등을 해소하는 창조적 경험을 갖게 한다. 몸의 현상학이 이루어 내는 행위의 구조와 변혁의 모습과 평행선을 이루는 특징이라 할 수 있다.

비블리오드라마의 단계별 몸의 현상학적 요소들

(1) **신체 웜업 (Warm-Up)**: 참가자들의 흥미를 돋우는 즐거운 신체활동 레크레이션을 통해 경직된 몸과 마음을 풀어주고 자연스럽게 신체의 감각/지각 활동을 활성화한다.

(2) 관계측정/개선 (Sociometry): 대인관계에 흐르는 사회/관계성을 발견하고 증진시키어 참가자들이 자기의 감수성에 맞는 소그룹에 할당되어 삶의 역할에 따른 정서적 경험을 나눈다. 이를 통해 집단에 참여한 사람들의 상호주관적 나눔이 시작된다.

(3) 드라마 체현 (Enactment): 성경 본문을 신체활동을 통한 역할극으로 표현함으로써 성서에 대하여 집단 원들이 '머리'만이 아닌 '몸'으로 경험하는 입체적 이해(육화되는 말씀)가 가능해진다. 이때 참가자들은 그동안 교회의 전통과 교리적 가르침에 얽매이지 않고 본문이 주는 직관적인 느낌에 따라 상황을 설정한다(의식의 에포케). 몸의 지향호에 따라 자발적으로 선정된 배역과 플롯을 몸동작(몸의 도식)으로 표현한다. 본문의 말씀이 참여자들의 삶과 만나는 울림을 경험한다(육화되는 말씀).

(4) 나눔 (Sharing): 비블리오드라마 활동에 참여한 소감과 성서 및 삶에 대하여 새롭게 느끼고 깨달은 바를 나눈다. 성서와 삶이 주는 의미의 본질을 규명하는 '반성'(reflection)의 시간을 갖는 동시에 삶에 새롭게 적용할 역할로 동기화된다(행동구조의 변화). 동기화된 역할은 몸으로 표현하는 역할연습을 실시하고 집단 활동이 종료된다.

분석 사례 (1) "야곱이 떠난 날 밤: 저녁 식사 테이블"(창세기 27장)

참여자들은 전체 3시간 정도 진행되는 비블리오드라마에 참여한다. 심리극의 관계성측정 및 증진방식(Sociometry)에 따라 조성되는 소그룹 속에서 삶의 이야기를 자유롭게 나누고 삶과 연관된 성서 본문의 상황을 택하여 자발적으로 배역을 표현하여 성서가 드러내는 의미를 '몸'으로 경험하고 자신의 삶에 대한 통찰을 얻는 활동을 한다. 이 비블리오드라마의 과정 중에 몸의 현상학적으로 분석되는 내용을 첨가하면 다음과 같다.

비블리오드라마 단계	신체활동	드라마치료 기법	효과	몸의 현상학
신체웜업 (Warm-up)	(어깨인사, 손 풀기)	(웜업) 경직된 몸을 풀고 집단 응집력을 높이는 신체활동	(몸의 감각과 지각의 활성화)	신체의 감각 경험 (집단의 육화 시작)
관계성측정/ 증진 (Sociometry)	(줄서기) 지금까지 살면서 손해 본/잃어버린 돈의 액수대로 줄서기	(소시오메트리) - 집단 내에 흐르는 인간관계성을 측정하고 개선 - 소그룹을 조성하고 나눔을 통하여 관계의 밀당(텔레) 알아차리기	(사람들 사이의 밀고 당기는 에너지) - 집단 내의 에너지를 공유하며 집단 참여 부담 감소	'상호주관적' 관계 경험 시작
성경안으로 (Act-in)	(성서본문 읽기) (느낌/직관) - 이야기의 전체적 느낌을 보이는 색깔 천 고르기) - 성서이야기에 대한 직관적인 느낌 알아차리기 (본문 가운데서 인물선택하기) - 직관적으로 마음에 다가오는 성경인물(야곱, 에서, 아버지, 어머니, 양고기, 식탁, 돌 베개) 1명 선택함. 그리고 같은 선택을 한 사람들끼리 모여 소그룹을 구성하고 그 인물 선택의 이유 및 함께 하는 소감 나눔)	(이야기에의 참여) - 참여자들을 초대하는 이야기와의 처음 만남 - 감각과 직관의 활용 (선택의 행위) - 아버지, 어머니, 사고치는 아들, 피해자 아들 역할. 동일시 (역할과의 연결) - 역할과 관련된느낌 떠올리기/ 알아차리기 -소그룹에서 느낌을 정지된 신체 모션으로 표현하기	(텔레의 경험) - 이야기 가운데 마음에 끌리는 인물과 연결됨 - 그 인물과의 동일시를 통해 공감과 공유의 기회 (자발성 증진) -'행위 갈증'을 일으키어 신체로 표현할 수 있도록 동기화 (행위갈망 촉진) - 특정 인물에 대한 관심이 증대되고 그의 심정을 '몸'으로 표현하고자 하는 갈망 발생	의식의 에포케 - 성서본문에서 떠오르는 느낌과 직관을 무비판적으로 수용 '몸의 지향호' - 성서의 특정 인물을 색깔천을 사용하여 접근하며 서서히 그의 내면 세계 안으로 들어가기

드라마 체현 (Act-outenactment)	(본문 내 갈등상황을 설정): 야곱이 도망친 날 저녁식사 자리 - 어이없어 하는 아버지, 화가 난 큰아들 에서에게 미안한 엄마, 너무도 화가 나서 가만히 있지 못하는 큰아들 에서) (대화놀이: 에서 vs 리브가) 엄마: "얘야, 네가 참아라"에서: "아니, 엄마 그걸 지금 말이라고 해요?" (대화놀이 계속됨)	(드라마 구성 및 주인공 자원) - 이야기 안의갈등에 따른 드라마 상황 설정 - 주인공, 이중자아, 보조자아 선택 (역할 드라마 재연) - 지금-여기에서의 기분, 상황에 대한 마음의 갈등 직면 (야곱에게 피해 받아 항의하는 에서vs변명하는 어머니)	(드라마 실연 위한 자발성 촉진) - 독자의 사회적 관계에서 오는 갈등이 행위 표현 갈망으로 드러나기 시작함 (역할극을 통한 감정정화와 통찰) - 집단원 간의상호주관적 대화와 역할훈련 통한 대응방법 연습	'세계-내-존재' 체험) - 성서인물의 상황에 대하여 몸으로 표현하는 '육화'경험) 신체도식에 따라 상호신체 활동 - 성경인물의 주관적 세계가 표현됨 - 상대방의 표현을 또한 수용하는 경험
나눔(Sharing)	(나눔의 집단상담) - 전체 둥그런 원으로 앉아 나눔	(나눔)	(소감/통찰 나눔) - 역할개선으로의 동기화	의미의 기술 행동구조의 변화

분석 사례 (2) "탕자: 돼지우리에서 아버지를 그리워 하다!"(누가 15장)

참여자들은 전체 3시간 정도 진행되는 비블리오드라마에 참여한다. 이 비블리오드라마에서는 특별히 드라마치료의 "이중자아기법"과 "역할바꾸기 기법"을 실시하였다. 성서인물의 심정을 사회적 관계 안에서 경험하여 현실에 효과적으로 대응할 수 있는 새로운 역할 훈련의 장이 펼쳐졌다. 이 비블리오드라마의 과정 중에 몸의 현상학적으로 분석되는 내용을 첨가하면 다음과 같다.

비블리오드라마 단계	신체활동	드라마치료 기법	효과	몸의 현상학
신체웜업 (Warm- up)	(몸 풀기: 거울 따라하기)	(웜업) 경직된 몸을 풀고 집단 응집력을 높이는 신체활동	(몸의 감각과 지각의 활성화)	신체의 감각 경험 - 집단의 육화시작
관계성측정/증진 (Sociometry)	(줄서기) - 처음 집을 떠난 나이를 기억하여 나이순으로 줄서기	(소시오메트리) - 집단 내에 흐르는 인간관계성을 측정하고 개선 - 소그룹을 조성하고 나눔을 통하여 관계의 밀당(텔레) 알아차림	(사람들 사이의 밀고 당기는 에너지) - 신체화 행위로 이어지기 위한 자발성이 증진됨	'상호주관적' 관계 경험 시작
성경 안으로 (Act- in)	(성서본문 읽기) (장면1): "탕자가 집을 떠나는 장면" - 아버지 돈을 가지고 집을 떠나게 되어 공항에 도착한 탕자는 집에 있는 형에게 전화를 걸어 출발을 알린다 - 모든 참여자들은 탕자와 탕자의 형 두편으로 갈라져 말싸움을 한다	역할과 관련된 감정 (이야기에의 참여) - 칠판에 쓰여진 본문 옆에 참가자들은 색 분필을 사용하여 떠오르는 이미지들을 그림(낙서) (이중자아 대결) - 탕자 팀 vs 탕자 형 팀의 대결 "나 떠난다. 성공해서 돌아올거야! 형은 촌구석에 잘 있어!" vs "야, 이 녀석! 너 아버지 돈 다 잃어버리면 죽을 줄 알아!" (역할 바꾸기) 대화 놀이로 언쟁을 벌이다가 "역할 바꿔요!"라는 디렉터의 지시에 따라 서로 역할을 바꾸어 상대편이 되어 다시 논쟁함	(5감각으로 체험하는 삶의 이야기) - 성서인물과의 동일시된 부분 나눔 (갈등 해소를 위한 행위 갈망) - '행위 갈증'을 일으키어 신체로 표현할 수 있도록 동기화 - 이중자아 기법을 통한 행위의 표현 및 (상호 입장의 공감 및 통찰 얻기) - 탕자는 형이 되고 형은 탕자가 되어 심정을 헤아리고 돌아와 상대에 대한 설득력 있는 의사소통 가능해짐	의식의 에포케 - 성서 본문에서 떠오르는 느낌과 직관을 무비판적으로 수용하여 표현함

드라마 체현 (Act - outenactment)	(장면2): "돼지 우리" - 거지가 된 탕자가 돼지우리에서 기거하게 되자 돼지들이 탕자를 구박함. 탕자는 신세를 한탄하며 아버지를 그리워하게 됨 - 외부 현실을 보며 주인공 탕자의 내면에 올라오는 두 마음: "여기서 죽자" vs "집으로 돌아간다" **(대화 놀이)** - 두 마음을 차례로 디렉터가 인터뷰하여 지금-여기서의 소망과 앞으로 삶에 대한 의지를 물어 스스로 나아갈 방향을 결단하게 함	**(내면의 갈등 드라마)** - 갈등하는 두 마음 - 두 마음을 객체화 하여 각자의 열망을 표현하도록 도움 - 현실적으로 제일 좋은 방향의 결단을 도움 **(역할연습)** - 아버지의 집으로 돌아가겠다는 탕자에게 가족들을 만나 설득력 있게 잘못을 비는 표현법을 연습	**(감정정화/통찰)** - 역할극을 통한 감정정화와 통찰 **(상호주관적 나눔의 대화)** - 집단원 간의 상호주관적 대화와 역할훈련을 통하여 현실 직면 연습	**'세계- 내- 존재' 체험** - 성서인물의 상황에 대하여 몸으로 표현하여 실제 생활세계를 경험함 **행위 구조화와 변혁** - 탕자와 형의 본래 의사소통 방식은 어릴 때부터 형성된 행위가 구조화된 형태였으나 '역할 바꾸기'를 통하여 상호주관성을 교환한 이후에 새로운 행동으로 상대에게 표현하는 방법을 익혀 새로운 행위구조화(변혁)를 이루게 됨
나눔(Sharing)		**(나눔의 집단상담과 종결)**	**(소감 나누기)** **(역할개선으로 동기화)** - 연기자는 이 행위를 통해 자기 삶의 현실을 투영하고 설득력 있는 의사소통 방법을 익혔다고 고백함	**새로운 의미의 체현**

나가는 말

지금까지 기독교계 집단상담 비블리오드라마의 신체활용 액션 메소드가 드러내는 '몸'으로 읽는 성경의 의미를 밝히기 위하여 현대 철학 현상학의 주요개념을 정리하며 두 학문 간의 평행선적 이해를 찾고 접점을 마련하는 시도를 하였다. 특별히 현대 표현예술치료 세계에 철학적 기반을 제공한 메를로-퐁티(M. Merleau-Ponty)의 '몸'의 현상학의 주요 개념들을 살피어 이를 위해 훗설(E. Husserl)에 의하여 시작된 현대 현상학이 어떻게 하이데거(M. Heidegger)와 샤르트르(J. P. Sartre)의 실존주의 현상학을 거쳐 메를로-퐁티의 '몸'의 현상학으로 귀결되었는지 정리하면서 비블리오드라마와 평행선을 이루는 개념적인 연관성을 찾았다.

몸의 현상학을 택하여 이러한 작업을 벌인 이유는 성경으로 '몸'을 '체현'하는 것이 방법으로 집단상담기법을 진행하는 비블리오드라마의 신체활동을 분석해 보기 위함 이었다. 체현(enactment)이란 '몸'의 현상학에서 사용하는 용어로써 우리 인간 생명체가 세계를 향하여 지향하는 몸을 기반으로 세계-내-존재로 참여하여 세계와 함께 의미를 창조하는 행위를 하고 표현하는, 세상의 현상에 몸으로 참여하는 행위를 말한다. 즉, 세계가 드러내는 현상에 대하여 '의식'이 아닌 '몸'으로 세계를 지향하여 "체현(enactment)하는 몸"으로 세계와 함께 '육화'(enactment)되어 나타나는 현상과 그 의미를 밝히는 작업을 말한다. 비블리오드라마 역시 집단활동에 참여하는 이들이 신체활동을 통하여 성경의 이야기 안으로 들어가 '몸'으로 성서이야기에 성육(incarnation)

하는 경험을 한다. 이는 몸의 현상학이 주장하는 바 "체현하는 몸"과 평행선을 그리며 두 영역이 만나는 접점이 아닐 수 없다. 비블리오드라마와 몸의 현상학이 평행선을 그리며 드러내는 접점을 정리하자면 다음과 같다.

첫째, 비블리오드라마는 '몸의 에포케' 작업을 실시한다. 비블리오드라마는 전통적인 성경교수법과는 달리 특정 신학이나 교리적 접근을 내려놓고 주어진 본문에서 느끼는 바에 따라 참여자들이 직관적으로 반응하게 하며 신체감각에 따라 자유롭게 '몸'으로 올라오는 느낌을 표현하는 방법을 사용한다. 이는 성경 자체를 몸으로 담아내기 위하여 이전의 모든 선이해나 경험과 지식을 괄호 치기 하여 선험적으로 현상을 '몸'으로 기술하는 '에포케'의 작업이라 할 수 있다. 이 작업을 통해 비블리오드라마의 참여자들은 성경이 말하는 그 자체를 경험하기 위한 준비를 갖추게 된다. 둘째, 비블리오드라마를 통해 우리 몸은 하나님의 위대한 창조물로서 그 자체 안에서 '몸의 지향호'가 발동하여 우리 존재를 성경안으로 들어가게 하고 '몸의 도식'을 통해 성경의 메시지를 '드라마'(행위로 표현되는 이야기)로 표출한다. 성경은 비블리오드라마 집단활동에 참여하는 이들을 움직이게 한다. 사람들을 성서 안으로 초대하여 성서인물을 조망하고 그들의 심정을 재연하여 성서와 참여자가 하나가 되게끔 하는 동기화를 주도한다. 우리 몸이 지닌 '몸의 지향호'는 이러한 성서의 초대에 부응하여 우리 몸을 활처럼 휘게 하여 성서 안으로 들어가 자리를 잡게 하며 '몸의 도식'으로 행위갈증을 일으켜 성서인물의 역할과 동일시하는 일을 가능하게 한다. 이를 통해 성경이 보여주는 인간 삶의 원형적인 모습이 행위의 표현을 통해 드러(현상)나게 된다.

셋째, 비블리오드라마는 인간 생명체의 몸과 마음, 세상 그리고 성경이 모두 함께 상호신체적으로 만나 성서의 메시지를 몸으로 경험하는 육화 (embodiment)를 가능케 한다. 비블리오드라마의 참여자들이 성경인물의 역할을 체현(몸으로 참여하여 표현)할 때에 성경을 입체적으로 이해하게 될 뿐 아니라 성경과 자신이 하나로 어우러진 육화의 상태로 성경 안의 삶을 살게 되는 몸(the lived body)을 이룬다. 이는 성경이 말하는 성육(incarnate)과 흡사한 경험이라고 비블리오드라마의 선각자들이 밝힌 바있다. 그리스도가 육신을 입어 이 세상에서 하나님의 뜻을 이루었듯이 우리의 몸(존재)도 하나님 말씀과 하나가 되어 진정한 창조의 원형을 경험하는 것이다. 이는 비블리오드라마 학자들이 주장하듯이 몸과 마음 그리고 세계가 하나가 되어 체현하는 진정한 네페쉬(영혼)의 경험이라 할 수 있다. 넷째로, 무엇보다 참가자들이 '상호신체적'(inter-corporeal) 활동을 통해 서로 '상호주관적' 만남과 교류를 나눔으로써 이 세상에서의 삶을 지금-여기에서 구현한다. 타자와의 관계 속에서 나의 몸 활동을 조망하고 또한 타자의 삶을 헤아리며 이전과 다른 역할을 몸 활동으로 연습하여 새로운 행위의 구조화를 이룬다. 비블리오드라마가 창조해 내는 성경적인 역할 개선의 경험을 하게 되는 것이다. 이를 통해 비블리오드라마의 참여자들은 생활세계를 용기 있게 직면하며 삶의 실제적 도전에도 지혜롭게 대응하는 효과를 누리게 된다. 비블리오드라마와 몸의 현상학이 함께 추구하는 목표가 아닐 수 없다.

끝으로 요즘 회자되는 유발 하라리의 책 〈호모 데우스〉이 기술하는 현 세대의 모습을 잠깐 살펴보자. 하라리는 이 시대의 사람들, 특별히 젊은 이들은 신을 버리는 것 같지만 오히려 새로운 신을 찾고 있다고 말한다. 그들이 찾는 신은 물론 기성세대가 믿고 있는 제도화된 종교의 신이 아니다. 그들은 삶 속에서 신을 찾는다. '갓 편리' '갓의 맛' '갓 축구' 등의 표현들이 그것을 대변한다. 젊은이 들이 이러한 단어들을 쓰는 것은 기존 종교아래 행해지는 신앙활동들이 현실과 먼 추상적인 개념 뿐이고, 기존세대가 전하는 성경 이야기는 '멀게만 느껴진다'는 이야기 이기도 하다. 메를로-퐁티의 말대로 '육화되지 못한' 상태, 그래서 세상 안으로 깊이 들어가 삶을 어루만져 주지 못하는, '머리'만의 종교를 오늘의 젊은이들은 거부하고 있는 것이다.

하지만, 비블리오드라마는 사람들을 교회로 다시 초대하는 긍정적인 자원이 된다. '머리'가 아닌 '몸'을 활용하기에 이전의 종교처럼 추상적이지 않고 실제적이다. 사람들의 마음과 육체, 개개인의 상호주관적 세계를 성경과 연결하여 성경 안에서 새로운 삶을 찾게 한다. 비블리오드라마는 성경이 사람들을 성경의 이야기 안으로 초대하고 그 안에서 인간의 삶을 경험하는 주체임을 거듭 확인한다. 이 초대에 부응할 때 우리는 성경 안에서 인간 삶의 원형적 모습, 그 갈등과 해결의 순간을 체험할 수 있다. 그리고 삶의 궁극적인 의미를 깨달아 세상에서 실현할 수 있는 용기와 지혜를 얻게 된다. 비블리오드라마는 우리의 몸을 새로운 행위와 역할로 구조화 하는 성경 전달, 성경 체험의 도구이다. 하나님의 창조적인 손길을 지금-여기에서 지속적으로 경험하게 한다. 비블리오드라마를 통해 몸의 체현(enactment)에 참여하여 성경이 우리에게 드러내고 현상(계시)하는 하나님의 뜻을 실제적으로 깨닫는 기회를 맛보기 바란다.

참고문헌

강대석. (2011). **왜 철학인가?**. 서울: 중원문화.
강대석. (2015). **무신론자를 위한 철학**. 서울: 중원문화.
강희숙, 이진헌, (2019). 비블리오드라마에 의한 대학생들의 자기성장 경험. **한국사이코드라마학회지**, 22(1), 11-12.
_____. (2019). 가정폭력피해여성을 위한 비블리오드라마의 경험에 관한 질적 사례연구. **한국사이코드라마학회지**, 22(2), 22(2), 11-14.
고원석. (2016). 기독교교육의 새로운 접근: 비블리오드라마. **기독교교육정보**, 48(1), 1-31.
_____. (2020). 비블리오드라마의 개념과 성격. 한국비블리오드라마협회(편), **교육·상담을 위한 비블리오드라마의 이론과 실제**, (p. 15-41), 서울: 학지사.
공병혜. (2010). 중환자실에서의 몸의 현상학과 내러티브. **동서사상**, 8, 185-200.
김광연. (2015). 기독교 전통에 나타난 몸신학과 현대적 몸의 재해석. **한국개혁신학**, 45, 44-68.
김대현. (2009). 로저스의 상담이론에 드러난 현상학적 방법과 존재의 방식. **교육사상연구**, 23(3), 85-109.
김려원. (2014). 기독교적 요소를 포함한 통합예술치료 집단프로그램이 대학생에게 미치는 효과 및 필요성 연구. **연세상담코칭연구**, 2014, 911-30.
김세준. (2009). 기독교집단의 비블리오드라마를 위한 액션메소드의 종합적 활용. **한국사이코드라마학회지**, 12(1), 123-38.
김세준, 황헌영. (2018). **성경이 살아나는 비블리오드라마**. 서울: 현대드라마치료연구소.
김영운. (1988). 교회교육 지도자들을 위한 전문지/신학에세이: 몸으로 읽는 성서. **교육교회**, 145, 329-335.
김정형. (2020). 몸의 현상학과 몸의 사회학을 통한 몸의 부활 교리의 현대적 재해석 가능성 탐구. 신학사상, 189, 229-253.
김지현 (2016). "자연구진, 쥐의 등에서 사람 귀 배양 성공" 연합뉴스 2016-01-25 16:08 Retrieved from https://www.yna.co.kr/view/AKR20160125146100009
김현희. (2008). 비블리오드라마와 독서치료. **한국사이코드라마학회지**, 11(1), 11-42.
_____. (2020). 비블리오드라마와 상호작용적 독서치료. 한국비블리오드라마협회(편), **교육·상담을 위한 비블리오드라마의 이론과 실제**, (p. 149-169), 서울: 학지사.
김현희, 이동희. (2012). **상호작용적 독서치료를 위한 자료분석 및 활동**. 서울: 비블리오드라마.
김희영. (2008). 비블리오드라마를 통한 역동적인 성서교육에 관한 연구. **한국사이코드라마학회지**, 11(1), 159-180.
_____. (2020). 비블리오드라마의 성찰. 한국비블리오드라마협회(편), **교육·상담을 위한 비블리오드라마의 이론과 실제**, (p. 227-250), 서울: 학지사.
류의근.(1997). 메를로-퐁티에 있어서 신체와 인간, **철학**, 50(0), 261-292.
목전 원. (1989). **현상학의 흐름 : 훗설, 하이데거, 사르뜨르 메를로 뽕띠**. 대구: 이문출판사.
박재순. (2001). 특집 1: 삶 속에서 몸으로 성서 보기. **한국조직신학논총**, 6, 9-16.
박인철. (2006). 생활세계와 의사소통: 후설과 하버마스의 비교를 중심으로. **현상학과 현대철학**, 31, 1-33.
배상식. (2010). 김춘수의 초기 詩에 내재된 '실존주의'에 관한 연구: M. 하이데거와 RM 릴케의 영향관계를 중심으로. **철학논총**, 61, 363-415.
배지현.(2015). 메를로-퐁티의 표현론에 기반한 '표현적 교육과정'의 실존 미학적 성격 탐색. **교육과정연구**, 33(2), 21-44.
서동욱 외 11인. (2014). 프랑스 철학의 위대한 시절: 현상학의 흐름으로 보는 현대 프랑스 사상. 서울: 반비.
손성현. (2020).비블리오드라마의 진행과정. 한국비블리오드라마협회(편), **교육·상담을 위한 비블리오드라마의 이론과 실제**, (p. 67-85), 서울: 학지사.
양해림.(1999). 메를로-퐁티의 몸의 문화현상학, **현상학과 현대철학**, 14, 107-136.
_____.(2003). **현상학과의 대화**. 서울: 서광사.
오사랑. (2021). 그리스-로마 의학과 누가복음의 σ ώ μ α 이해. **대학과 선교**, (48), 133-160.
유원기. (2015). 아리스토텔레스의 목적론적 자연관이 지닌 의미와 한계. **대동철학**, (71), 31-53.
유정모. (2022). 르네 데카르트의 합리주의가 17세기 화란 개혁파 정통주의 신학에 미친 영향에 대한 연구. **한국개혁신학**, 73:224-271.
유형källe. (2020). 성경권위담론을 위한 인식론적, 교리적, 해석학적 차원의 통합적 고려. 조직신학연구, 36:24-59.
이기상.(2011). **쉽게 풀어 쓴 하이데거의 생애와 사상 그리고 영향**. 서울: 누멘.
이남인.(2014). **현상학과 질적연구**. 서울: 한길사.
이봉섭.(2020). 비블리오드라마의 연기. 한국비블리오드라마협회(편), **교육·상담을 위한 비블리오드라마의 이론과 실제**, (p. 197-226), 서울: 학지사.
이선관.(2002). 현상학과 심리학. **인문과학연구**, 10, 281-301.
이선미. (2003). 대중문화의 성상품화와 인권. **아시아여성연구**, 42, 85-112.
이영미.(2020). 비블리오드라마의 기법: 액션메소드. 한국비블리오드라마협회(편), **교육·상담을 위한 비블리오드라마의 이론과 실제**, (p. 43-66), 서울: 학지사.
이용수.(2018). 메를로퐁티의 몸의 현상학으로 본 광고 속의 신체 표현. **브랜드디자인학연구**, 16(1), 89-100.
이미숙.(2020). 비블리오드라마의 놀이와 웜업. 한국비블리오드라마협회(편), **교육·상담을 위한 비블리오드라마의 이론과 실제**, (p. 173-198), 서울: 학지사.
이정우. (2003). **영혼론 입문**. 서울: 살림.

이종주.(2018). 양극성 장애에 대한 현상학적 분석과 치료: 임상, 상담심리학과 현상학적 방법 간의 학제간 연구. **현상학과 현대철학**, 79(1), 59-103.
임용자, 유계식, 안미면. (2016). **표현예술의 이론과 실제: 몸으로 하는 심리치료**. 학지사.
장호광.(2023). 메를로-퐁티의 몸 철학에서 나타난 상호몸성, 신학적 의의 및 적용. 조직신학연구, 43, 184-212.

정은정.(2014). 메를로 퐁티의 몸의 현상학에 근거한 유아미술표현에 관한 연구, **유아교육연구, 34**(5), 325-346.

최금례. (2017). 비블리오드라마와 자아의 상호작용: 사이코드라마기법을 활용한 비블리오드라마의 효과. **한국기독교상담학회지, 28**(3), 177-206.

최헌진. (2010). **사이코드라마 이론과 실제**(2판). 학지사.

한국비블리오드라마협회. (2020). **교육·상담을 위한 비블리오드라마의 이론과 실제**. 서울:학지사.

황헌영. (2007). 비블리오드라마 (Bibliodrama): 새로운 유형의 치유 성경공부. **목회와 상담**, 9(0), 218-240.

_____. (2019). 통합적 기독상담모형으로서 비블리오드라마. **신학과 실천**, 67, 319-345.

_____. (2021). **이상한 드라마의 앨리스: 잉여현실 드라마 치료입문**. 액션메소드.

Carvalho, E. R. (2002). Bibliodrama manual. Brazil: Trauma Clinic.

Damasio, A. R. (2017). **데카르트의 오류** (김린 역). 남양주: 눈 출판그룹. (원전: Descartes' Error, 1994년 출판)

Dayton, T. (2008). **사이코드라마와 집단치료 매뉴얼** (김세준 역). 서울: 비블리오드라마. (원전: The Living State, 2005 출판)

Descartes. R. (2022). **방법서설: 정신지도 규칙** (이현복 역). 서울: 문예출판사 (원전: Discours de la méthode, 1637 출판)

Gardner, H., & Davis, K. (2013). The app generation: How today's youth navigate identity, intimacy, and imagination in a digital world. Yale University Press.

Grishaver, J. L.(2004). Make a Midrash out of me, Vol.1: From chaos to Egypt. Torah Aura Productions.

Halprin, D. (2006). **동작중심 표현예술치료: 움직임, 은유 그리고 의미의 세계** (김용량, 이정명, 오은영 역). 서울: 시그마프레스. (원저 2003 출판)

Heidegger, M. (1953). Being and time (trans. J. Macquarrie & E. Robinson). New York: Harper & Row (original work published 1927).

_____. (1962). Being and time (J. Macquarrie & E. Robinson, trans.).

_____. (1987). Zollikoner Seminare: Herausgegeben Von Medard Boss. Frankfurt Am Main: Klostermann.

Heinnämaa, S. (2003). "Merleau-Ponty's dialogue with Descartes: the living body and its position in metaphysics," in Metaphysics, Facticity, Interpretation: Phenomenology in the Nordic Countries, eds., Dan Zahavi. London: Kluwer, pp. 23–48.

_____. (2012). "The Body." in Sebastian Luft and Søren Kiekergaard, eds., The Routledge Companion to Phenomenology. New York: Routledge, 222–233.

Hoeller, S. A. (2006). **이것이 영지주의다** (이재길 역). 서울: 산티.

Husserl, E. (1950). Husserliana: Edmund Husserl Gesammelte Werke. The Hague: Matinus Nijhoff.

_____. (1970). The crisis of European sciences and transcendental phenomenology: An introduction to phenomenological philosophy (trans by Dorian Carr). Evanston, IL: Northwestern University Press (original work published 1954)

_____. (1971). "Philosophie als strenge Wissenschaft" in : Logos I, 1911. (Sonderdruck, 2. Aufl. hrsg. v. W. Syilasi, Frankfurt a. M., Vittorio Klostermann. (국역 현상학의 이념: 엄밀한 학으로서의 철학)

_____. (1988). **현상학의 이념: 엄밀한 학으로서의 철학** (이영호/이종훈 역). 서울: 서광사.

_____. (1950). Ideen zu einer reinen Phänomenologie und phänomenologischen Philosophie , erstes Buch, Martinus Nijhoff. 43쪽.(국역본은 『순수 현상학과 현상학적 철학의 이념 - 순수 현상학의 학문 일반』.

_____. (1997). **순수 현상학과 현상학적 철학의 이념들 - 순수 현상학의 학문 일반** (최경호 역). 서울: 문학과지성사.

_____. (2009). **순수 현상학과 현상학적 철학의 이념들 1** (이종훈 역). 서울: 문학과지성사.

Krondorfer, B. (2008). **비블리오드라마** (황헌영 역). 서울: 창지사. (원저 1992 출판).

Martin, G. T.(2010). **몸으로 읽는 성서: 비블리오드라마** (손성현 역). 서울: 라피스. (원저 1995 출판)

_____. (2008). 비블리오드라마의 기원과 성경본문(황헌영 역). 안: Krondorfer, J.(편). 비블리오드라마. 서울: 창지사, 2008, 187-215. (원저 1992출판).

McClamrock, R.(2020). The embodied self: Merleau-Ponty on consciousness and the lived body. IAI, 89 | https://iai.tv/articles/merleau-ponty-and-the-embodied-self-consciousness-auid-1582

Merleau-Ponty, M. (1960). Signs. Evanston Illinois: Northwestern University Press.

Merleau-Ponty, M. (1962). Phenomenology of perception (trans. C. Smith). London: Routledge (original work published 1945).

_____. (1963). The structure of behavior (trans. N.M.Brender). Boston: Beacon Press (original work published 1942).

_____. (1964). Le Visible et l'invisible, suivi de notes de travail. Paris: Lefort.

_____. (2008). **눈과 마음: 메를로 퐁티의 회화론** (김정아 역). 서울: 마음산책 (원저 1961).

_____. (2002). **지각의 현상학** (류의근 역). 서울: 문학과 지성사 (원저 1945).

_____. (1964a). The primacy of perception (trans. J.M.Edie in The primacy of perception and other essays on phenomenological psychology, the philosophy of art, history and politics, ed. by J.Edie). Evanston Illinois: Northwestern University Press. 12-42 (original work published 1947).

_____. (1964b). Eye and mind (trans. C. Dallery in The Primacy of Perception ed. by J. Edie).Evanston: Northwestern University Press, 159-190 (original work published 1961)

_____. (1964c). Sense and Non-Sense (trans. by H. Dreyfus and P. Allen Dreyfus). Evanston: Northwestern University Press (original work published 1948).

_____. (1964d). The philosopher and his shadow (trans. R. C. McCleary) in Signs. Evanston: Northwestern University Press, pp.159-181

_____. (1964e). Phenomenology and the sciences of man (trans. J. Wild) in The Primacy of Perception ed. by J. Edie). Evanston: Northwestern University Press, 43-95 (original work published 1958)

_____. (1964/1968/1975). The visible and the invisible. Evanston Illinois: Northwestern Press.

_____. (1964/1973). Consciousness and the acquisition of language. Evanston: Northwestern University Press.

_____. (1965). The structure of behavior. London: Methuen.

_____. (1969). On the idea of phenomenology. Dublin: Scepter Books.

_____. (1974). The prose of the world (trans. J. O'Neill). Evanston: Northwestern University Press (original work published 1969).

_____. (2010). Child psychology and pedagogy: the Sorbonne Lectures 1949-1952 (trans. by T. Welsh). Evanston: Northwestern University Press (original lecture delivered 1949-1952).

_____. (2012). Phenomenology of Perception (trans. D. E. Landes). London: Routledge.

Moreno, J. L. (1939). Psychodramatic shock therapy: a sociometric approach to the problem of mental disorders. Sociometry, 2, 1-30.

Moreno, Z.. (2005). 사이코드라마와 잉여현실: 드라마 치료의 기원과 실제 (황헌영 역). 서울: 학지사.(원저 200년 출판)

Moya, P. (2014). Habit and embodiment in Cognitive Neuroscience, Vol. 8 by Merleau-Ponty, 2014 | https://doi.org/10.3389/fnhum.2014.00542.

Pettit, P. (1969). On the idea of phenomenology. Dublin: Scepter Books.

Pitzele, P. (2016). 비블리오드라마로의 초대: 성경을 여는 창 (고원석 역). 서울: 한국장로교출판사. (원저 1998 출판)

Sartre, J. P. (1943). L'être et le néant, Vol. 14. Paris: Gallimard.

_____. (1947). Ist der Existentialismus ein Humanismus? Zürich.

_____. & Richmond, S. (1956). Being and nothingness: An essay in phenomenological ontology. Routledge.

_____. (2017). 자아의 초월성 (현대유럽사상연구회 역). 서울: 민음사. (원저 1934 작성추정)

Thistlethwaite, S. (2009). Sex, race, and God: Christian feminism in black and white. Wipf and Stock Publishers.

Robinson, D. & Groves, J. (2000). Introducing Plato. Lanham, Maryland: Totem Books.

Schramm, T. (2008). 비블리오드라마의 행위화: 신약 치유이야기의 재연 (황헌영 역). 안: Krondorfer, J.(편). 비블리오드라마. 서울: 창지사, 251-272. (원저 1992출판)

van Mazijk, C. (2019). Heidegger and Husserl on the technological-scientific worldview. Human Studies, 42(4), 519-541. Retrieved from https://link.springer.com/article/10.1007/s10746-019-09526-2

Waskow, A. (2008). 하나님의 몸과 미드라쉬 과정, 그리고 토라의 구현 (황헌영 역). 안: Krondorfer, J.(편). 비블리오드라마. 서울: 창지사, 2008, 273-293. (원저 1992출판)

Wink, W. (2008). 인간의 변화를 위한 성경공부와 신체동작(황헌영 역). 안: Krondorfer, J.(편). 비블리오드라마. 서울: 창지사, 2008, 251-272. (원저 1992출판).

주석

1. 양성희, "요즘 '맨몸 예능' 뜨는 이유,"중앙일보(2023-2-9) 참조함.
2. 김지현 (2016). "日연구진, 쥐의 등에서 사람 귀 배양 성공." 연합뉴스 2016-01-25 16:08 Retrieved from https://www.yna.co.kr/view/AKR20160125146100009
3. Thistlethwaite, S. (2009). Sex, race, and God: Christian feminism in black and white 참조.
4. 본 서에서는 Bible을 번역하는 단어로 '성경'을 주로 사용한다. 하지만 특별히 인용한 다른 저술에서 사용한 번역어가 '성서'일 경우에는 번역서의 표현을 따랐음을 밝힌다.
5. 비블리오드라마의 개척자 중의 한 사람인 피터 피첼이 말한 대로 비블리오드라마는 성경의 이야기를 역할 놀이로 '드라마화'하여 경험하는 집단상담적 성경공부라고 한다.(P. Pitzele, 1998, p.1) 드라마란 전달하고자 하는 의미를 '행위'로 표현하는 것을 말한다. 많은 집단상담이 주로 둥그렇게 앉아 '말'을 나누면서 공감의 대화로 통찰에 이르는 방법을 취한다면 비블리오드라마 집단은 처음부터 끝까지 '몸'을 움직이는 방법을 주로 한다.
6. 비블리오드라마는 성경 외의 다른 책을 가지고도 할 수 있다. 대문자로 시작되는 Biblio가 성경을 의미한다면 소문자로 시작하는 biblio는 일반적인 의미에서 '책'을 의미하기 때문이다. (김현회, 2020, p.149; 김현회, 이동희, 2012)
7. 손성현(2020)은 현재 정착되고 있는 비블리오드라마가 세 단계(웜업, 텍스트 역할극, 마무리 나눔)의 작업으로 합의를 보고 있다고 말한다.(손성현, 2020, p.69) 이 경우 (2)삶의 현장 관계성측정의 단계는 공식적인 과정으로 명명되지는 않지만, 드라마치료의 기법을 적극 수용하는 비블리오드라마의 경우에는 필수적인 과정으로 포함된다. 필자는 이 관계측정 및 개선단계가 이 책에서 다루는 현상학적 내용 중 상호주관성 부분과 관계 있어 여기에 추가한다.
8. 소크라테스 인간의 삶에 대한 본질을 이야기하기 위하여 철학적 관심을 자연으로부터 인간 내면으로 돌리는 공헌을 하였다. 인간의 본성의 변화로 사회를 변화시킬 것을 주장하기 위함 이었다. 그런데 이 견해는 가시적인 세계의 열등함을 상대적으로 강조하게 되어 정신과 물질의 구분하는 결과를 가져온 시발점이 되었다고 할 수 있다.
9. 이정우, 2003, p.7, 20 참조.
10. D. Robinson & J. Groves, p.41-42 참조.
11. 그는 윤리적 절대성이 종교의(당시 그리스인들이 숭배하던 신들의 이기적이고 착취적인 행태가 정당화되는) 가르침보다 더 숭고한 것이라고 주장하였는데 이것이 신성모독의 죄를 뒤집어쓰게 되어 결국 독배를 마시게 되었다. 플라톤은 자기 스승이 절대적인 진리의 영원성을 강조하며 세상이 주는 죽음의 독배를 피하지 않고 마시는 모습을 보며 탄복했다.
12. 아리스토텔레스는 존재의 본질을 찾는 것이 중요한데 그것은 현실과 동떨어진 '저 높은 곳'에서 찾기보다는 '여기 바로 이 세상'에서 드러나는 것을 살필 때 발견된다고 보았다. 따라서 이 세상에서의 삶은 플라톤이 삶의 우상에서 말하는 것처럼 진실을 왜곡하지 않는다. 오히려 진실을 '미메시스'하며 실재한다. 미메시스란 진실의 체현(enactment)을 말한다. 단순한 모방이 아니다. 그는 말한다. '진실은 이 세상 만물에 담겨있다. 미메시스를 통해 그것이 말하고 있는 것을 찾으라'. 그래서 그는 당시 원형극장에서 시연되고 있던

그리스 비극을 추천한다. 당시의 드라마(그리스 비극)는 행위로 인간의 삶을 재연했는데 이를 바라보는 청중은 카타르시스를 경험하며 드라마에서 인생의 진리를 오히려 적극적으로 발견하고 경험하는 계기를 즐기고 있다고 주장했다.(참조 유원기, 2015, 31-53.)

13. 아리스토텔레스는 이 세상과 그 안에 있는 자연의 구체적인 개체들을 연구의 대상으로 삼아 그것을 세밀하게 살피고 분류하여 그것이 드러내는 특성을 밝히는 일에 집중하였다. 자연 속에 담긴 물질은 저마다 독특한 역할들을 갖고 존재하는 데 그 역할들이 결국엔 사물로 하여금 본질인 목적에 도달하게 한다. 물질은 존재의 본질을 경험하고 파악하는 데 꼭 필요한 관찰과 연구의 대상이 라고 본 것이다. 그리고 물질을 살필 때는 그 인과관계를 살필 것을 당부했다. 물질이 어떻게 형상이라는 목적에 도달하는지 알기 위해서 인과관계의 관찰은 중요하며 형상이 본질적인 것이라면 그것이 어떻게 제1원인이 되어 물질세계를 움직이고 있는지를 탐구해야 한다고 강조했다. 이러한 인과관계론은 이후 자연 속에 뿌리를 둔 과학철학을 개척하는 계기가 되었다.(참조. http://www.injurytime.kr/news/articleView.html?idxno=3112)

14. 이로 인해 아퀴나스는 당시 신 플라톤주의의 이원론적 입장을 고수하던 중세교회 지도자들에게 큰 어려움을 당한다. 하지만 그의 사상은 네오 토미즘(Neo-Thomism)으로 부활하여 중세 이후 카톨릭 신학 형성에 가장 큰 기둥이 된다.

15. 강대석, 2011, p.83 참조.

16. 참조 https://apologeticspress.org/a-christian-response-to-descartes

17. R. Descartes. (2022). "방법서설: 정신지도 규칙"의 번역 된 책(이현복 역, 문예출판사)의 서문을 참조함. 그는 합리적으로 사유하는 능력 이야말로 존재에 진정한 의미를 주며 더 나아가 존재의 실제적 근거가 된다고 보았다. 사유하는 존재는 가치가 있는데 사유를 통해 얻어지는 명증적 진리는 이미 우주적으로 존재하는 것으로서 우리 존재 역시 거기로부터 나온 것이다. 여기서 명증적 진리는 신, 곧 하나님을 의미하며 하나님으로부터 비롯된 합리적 지식은 우리의 존재 기반이 된다는 것이다. 더하여 우리가 이러한 합리적 사고를 행할 때 우리의 존재 뿐 아니라 세상에 존재하는 것들이 의미가 구성된다는 논리이다. 존재가 있고 나서 사유하는 것이 아니라 사유함으로 존재하는 것이다. 이렇게 데카르트에 의하여 근대에 이르러 합리적 이성이 강조되면서 합리적 이성에 의한 사유의 작업 아래 모든 것을 의심하는 작업은 정당화되고 더욱 힘을 얻게 되었다.

18. 이와 대조적으로, 이 책의 2부와 3부에서 다루겠지만, 현대 철학, 특히 몸의 현상학은 데카르트의 코기토 명제를 뒤집어 '정신'이 아닌 '몸'이 오히려 존재의 기반이 된다는 견해를 주장한다.

19. 데카르트식 사고에서 인간의 상황은 중요하지 않다. 오직 신 존재만이 중요하다. 데카르트식 사고는 당대로부터 신의 개념을 존재의 의미요 본질을 제공하는 절대 보편자로서의 '실체'로 인정해 왔다. 왜냐하면 신은 다른 어떤 존재에도 의지하지 않고 스스로 존재하는 '실체'이기 때문이었다. 그러면 신 외의 다른 모든 존재는 의심의 대상이 된다. 그리고 성경 역시 더더욱 정신의 작용으로만 파악되고 해석해야 할 대상이 된다. 몸(물질적 차원)의 차원은 절대 진리를 나타낼 수 없기에 절대보편자를 담고 있는 성경에 접근할 수 없다는 견해를 갖게 하였다.

20. 사도 바울은 오히려 우리의 '몸'이 하나님을 위하여 있는 것이며 하나님도 우리 '몸'을 위하여 계신다고 주장한다.(고전 6:13)

21. 참조 https://ibp.or.kr/wordspostachio/?q=YToxOntzOjEyOiJrZXI3b3JkXX3R5cGUiO3M6MzoiYWxsIjt9&mode=view&idx=3943134&t=board)

22. 박재순은 이런 경험을 가리켜 성서와 우리 사이에 서로 "빨려 들어가는" 경험이라고 표현한 바 있다. "내가 보이는 것에 빨려 들고 보이는 것이 내 속으로 들어온다. 지금 내 삶 속으로 세례자 요한이 (성경의 말씀이) 들어오 고 내가 세례자 요한의 자리로(성경 안으로) 들어간다."(박재순, p.28)

23. 그는 더하여 표현한다. "모세가 신을 벗고 맨발로 땅을 딛고 서서야 비로소 하나님을 만날 수 있었듯이, 사람의 몸(아담)이 나온 바탕(아다마: 흙, 밭)에 겸허하게 서서 성서를 볼 때, 우리는 성서의 생명 사건에 참여할 수 있다. 말구유에 나시고 십자가에 죽으신 예수를 만나려면, 예수처럼 낮은 자리에 서야 한다."(박재순, 30)

24. 박재순은 몸으로 성서를 볼 수 있게 될 때 모든 관념과 이론의 틀에서 벗어나고 모든 사회 제도적 특권과 지위에서 벗어나 성서의 생명을 오늘 내 삶에서 그리고 민중의 삶의 사건과 자리에서 보는 놀라운 창조적 경험이 된다고 한다.(박재순, 30) "몸으로 성서를 본다는 것은 성서의 말씀과 내용을 지성과 개념으로만 이해하거나 몸 밖에 실리게 한다는 것을 뜻한다. 성서의 진리가 머리와 가슴만 담기지 않고 온몸에 손과 발에, 배와 창자에 새겨지게 하는 것이다. 나의 몸에 성서의 말씀이 살아 있게 하는 것이다."(박재순, 25)

25. 훗설은 이처럼 '현상'이라는 단어를 자기만의 철학적 방법론을 대표하는 말로 1901년 <논리연구 II>에서 처음 사용하였다.

26. 훗설에게 있어서 현상이란 "주체가 주관적으로 의미를 부여하기 이전에 근원적으로 주어지는 대상"을 말한다.(이남인 책, 현상학과 질적연구, 66) 그것을 보통 철학의 용어로 "사태"(thing-itself)라고 한다.

27. 의식이 '사태'(물 자체, thing-itself)를 대함에 있어 선험적 이성을 따라 현상학적 환원을 통해 순수 의식을 지킨다면 세계의 모든 현상하는 것들에 대한 바른 인식을 할 수 있게 되며 또한 의식을 하는 자기에 대한 이해까지 가능해진다고 주장한다.(E. Husserl, 1988, p.47; 이남인, p.66)1 한마디로 말해서 인간에게는 '너 자신을 알라'는 델포이 신전의 신탁을 이룰 수 있는 보편적인 이성의 능력이 우리 안에 있으며 그것을 통해 우리가 순수한 의식을 지켜 나간다면 세상과 나를 깨닫는 계기가 된다는 것이다. 훗설은 현상학적 방법론을 제시하면서 주관적 요소를 모두 배제하고 원초적인 현상을 연구하는 원초적인 의식 - 판단중지 에포케를 중시했으며 이를 통해 물 자체(사태 - thing-itself)를 연구하자고 한 것이다. 이는 결국 주관을 배제한 온전한 객관성 추구로의 회귀를 주장한 셈이었다. 따라서 훗설에게 있어서 현상이란 "주체가 주관적으로 의미를 부여하기 이전에 근원적으로 주어지는 대상"을 말한다.(이남인 책, 현상학과 질적연구, 66)

28. 훗설의 현상학적 연구는 당시 '심리학'의 세계가 자연적 태도(자연과학의 방법론)를 쫓아 실험심리학의 방법으로 인간의 경험까지 이해하려고 한 데 대한 비판 데서 시작되었다. 그는 실험 심리학이 다루는 '현상'들은 실재성(Realität; reality)에 관한 것이며 '사실' 규명에 큰 의미를 둔다고 보았다. 하지만 자신의 '선험적 현상학'이 다루는 것은 현상의 경험적 사실로서 특징이기보다는 '의미'를 밝히는 작업이며 궁극적으로는 의식이 정초 되어 나타나는 선험적인 본질이라고 밝힌다. 선험적으로 환원된 현상들의 본질을 밝히는 것이 목적이라 한다.(이념들 1, 번역서 p.51)

29. 훗설은 Leib의 역할을 주관적으로 '감각'(sensation)의 작용에 그치는 작용을 말하며 주관적인 경험은 apperception(통각)이라고 명한다. 통각이란 '감각에 더해지는 무언가'(added or ap-perceived)를 의미하는데 감각에 따른 즉각적인 주관적 직관을 의미하는 것으로 이것을 통해 의식되는 사물에 대한 판단은 역시 중단되어야 한다고 보았다.(Husserliana XIII-XV, 253)

30. 훗설이 실재를 가리켜 '세계'로 말하는 데서 그쳤다면 하이데거는 그 세계 내의 '존재'에 더 관심을 갖게 된 것이다.(양해림, 2003, p.123) 하이데거는 순수의식의 자아를 찾으려는 훗설의 노력은 서양의 철학이 현상보다는 그 현상을 바라보는 '존재자'(합리적 사고와 인식의 주체)에 집중해 온 전철을 되풀이하는 작업이 될 수 있음을 지적하며 실제 세계에서 인간이 경험하는 현상과 그 안에서의 존재의 의미를 찾는 일에 더 집중할 것을 주장한 것이다.

31. 재인용 이남인, p.72. 몸의 '조르게'를 토대로 우리의 궁극적인 과제 비블리오드라마에 등장하는 인물들이 삶 속에서 경험하고 고민하며 갈등하는 특징들을 정리해 갈 수 있는 자원을 얻게 된다.

32. 참조 인터넷 기사: http://www.epicurus.kr/Humanitas/387207

33. 사실, 역사적으로 데카르트 이후 이성(정신)에 우위를 두고 발전해 온 서구의 관념론은 사고의 대상인 세상(물질, 몸)의 중요성을 무시해 왔다. 또한 이성에 입각하여 본질만 추구하는 철학의 작업은 실제적 존재의 삶(실존)을 살피는 데 실패했다. 이런 이유로 사르트르는 하이데거의 존재론에 큰 관심을 보인다. 그리고 하이데거의 현상학을 실존주의 현상학이라 칭하면서 '존재'를 논하는 것이 '본질'을 논하는 것보다 훨씬 의미가 있는 일이라고 천명한다. 서구의 사상에 있어서 존재의 본질은 목적에 해당하였다. 신이 창조한 작품으로서 존재는 모두 목적이 담겨있고 그래서 존재의 목적을 존재의 본질로 여겨왔다. 하지만 사르트르는 무신론자로서 세상의 모든 존재들에게 신이 부여한 목적(본질)이 있다는 것을 인정할 수 없었다. 세상의 존재는 그저 우연히 존재하는 것이기에 그것의 본질(신이 부여한 목적)을 찾기보다는 현실을 살아가는 존재의 '실존'에 집중하여 존재의 특색을 살피는 것이 더 중요하다고 보았다.

34. 이렇게 보면 사르트르는 훗설을 따르는 것 같지만 그렇지 않다. 그는 오히려 훗설이 주장한 순수의식의 중요성을 부인한다. 대자로서 인간이 순수의식을 발동하여 대상을 향한 지향성을 가지고 즉자를 의식하게 될 때 정작 의식하는 주체의 존재는 '무'(없음)이 된다. 타자를 의식하지만 자기는 의식하지 못하는 까닭에 자기가 즉자가 되어 버림을 주장한다.

35. 참조 Gardner, H., & Davis, K. (2013). The app generation: How today's youth navigate identity, intimacy, and imagination in a digital world. Yale University Press.

36. 우리의 몸이 타자를 위한 존재(being-for-others)로서 세상 한복판에 실존하고 있고 우리의 몸 역시 타자의 의식에 의하여 의미가 주어지므로 공허 속에 그것을 기다리며 존재하는 것은 사실이다.(J. P. Sartre, p.344 참조)

37. 무신론자인 사르트르는 여기에서 '실존'이 '본질'을 앞선다고 말한다. 중세철학을 거치면서 '본질'이라는 개념이 신이 부여한 인간 존재의 목적을 의미하는 것이었다면 '실존'은 신 밖에서 서서 삶을 경험해 가는 현존을 의미한다. 인간은 주어진 '본질'을 쫓아가는 것이 아닌 '무'의 실존을 넘어서서 선택을 통해 자유함으로써 삶의 목적을 이루는 존재다. 곧 실존이 본질을 앞서간다고 주장한다.

38. 참조해 볼 만한 논문으로 다음을 소개한다. 배상식. (2010). 김춘수의 초기 詩에 내재된 '실존주의'에 관한 연구: M. 하이데거와 RM 릴케의 영향관계를 중심으로. 철학논총, 61, 363-415.

39. 나는 없음이 되므로 데카르트의 코기토 "나는 생각한다 고로 존재한다"에서 생각하는 나 만을 주장하는 유아론이 무색해진다. 데카르트에 의하면 생각하는 나만 존재해야(유아론) 하는데 사르트르에게 있어서 타자를 의식할 때 나의 존재는 없는 것이므로 유아론의 의미가 퇴색된다.(Sartre, 2017, p.146-147)

40. 메를로-퐁티는 이 모양이 세계-내-존재로서 다른 존재들과 관계를 맺는, 하이데거가 말한 '현존재'를 실현해 나가는 것으로 본다.(1962, pp.82,235)

41. 체현화의 가장 기본적인 재료로서, '몸'은 세계를 의식하는 주체인 동시에 세계 안에 있는 존재로서 이미 '세계' 그 자체이다. '몸'은 세계의 현상을 인식하는 동시에 세계 안에 있는 '교호'의 상태에 있다. 즉, '몸'과 '세계'는 하나로 어우러져(intertwined) 연결되어 있는 서로에게 밀접하게 영향을 주고받는 상태로 존재하고 있음을 의미한다.이는 우리 인간의 몸과 마음 그리고 세계가 '육화'(embodiment)된 상태에서 상호작용하고 있음을 보여 주는 개념이기도 하다. 인간이 세상을 '몸'으로 부딪히며 만나고 경험하며 또한 '몸'으로 세계 안에 거하며(habitat) 세계와 함께 실존함을 가능하게 하는 것이 육화의 상태이다. 물론 인간이 지각하는 세상은 단순히 물질적으로 얽혀 있는 상태만이 아니다. 인간의 존재는 물질적 만남을 넘어서서 사회, 역사, 문화 모두가 하나로 연결되는 데 이 역시 온 세계가 육화된 상태로 이루어져 있음을 나타내는 것이라고 한다.(Merleau-Ponty, 2008, 김정아 역, p.?)

42. 참조 https://aeon.co/essays/the-phenomenology-of-merleau-ponty-and-embodiment-in-the-world

43. 참조 What1 is Embodiment? Maurice Merleau-Ponty's Philosophy of the Body https://www.thecollector.com/embodiment-merleau-ponty-philosophy-of-body/

44. P. Moya. (2014). Habit and embodiment in Merleau-Ponty. Cognitive Neuroscience, Volume 8. https://doi.org/10.3389/fnhum.2014.00542

45. 참조 R McClamrock. (2020). The embodied self: Merleau-Ponty on consciousness and the lived body. IAI, 89 | https://iai.tv/articles/merleau-ponty-and-the-embodied-self-consciousness-auid-1582

46. 의식이 아니라 몸이 의식을 포함하는 것으로 세계를 주체로서 세계-내-존재로 참여한다는 것이다. 세상의 모든 현상하는 것도 바로 '몸'이며 그 현상을 의식하는 것도 '몸'이 된다. 지향호는 몸에 선험적으로 세상을 접할 준비를 갖추게 하며 우리 몸은 지향호를 통해 세계로 향하여 움직인다. 즉, 우리 내면에 존재하여 세계를 향하고 있는 몸의 지향성을 말한다. 물론 세계의 몸들(타자의 몸들) 역시 이러한 지향호를 가지고 나의 몸을 초청한다. 그래서 세계는 모두 지향호로 움직이는 육화된 몸이 되어 의식의 주체와 객체가 혼연일체를 이루며 상호 연합하는 작용을 하게 된다는 것이다.(Merleau-Ponty, 1962, pp.203-206)

47. 메를로-퐁티에 의하면 이 신체도식은 우리의 지각에 대한 이해를 상호주관적 나눔의 장으로 옮겨 놓는다. 우리의 몸이 지각하는 것(perceiving)과 지각되는 것(being perceived)은 분리되지 않는다. 몸에 있어서 마음과 몸이 분리되지 않듯이 몸이 세계와 접하는 방식도 같다. 경험의 주체라 할 수 있는 자아는 경험의 대상 세계와 분리되어 있지 않다. 왜냐하면 생각하는 자아라는 부분은 인간 전 존재 '몸'이 세계를 경험하는 일부분이기에 '몸'이 세계와 분리되어 있지 않듯이 자아 의식 역시 분리될 수 없다. 따라서 '몸'은 의식을 위해 세계와 거리를 두고 바라보고 관찰하지 않는다. 세계 안에 참여하고 함께 살아가며 육화된다. 몸은 경험의 주체로서(body-subject) '세계 안에서'(하이데거의 입장 수용 세계를 테두리로 삼아 세계와 함께 지각의 활동을 펼친다. 세계와 함께 세계를 연장시켜가는 (co-existent) 역할을 하는 실재이다.

48. 메를로-퐁티는 행동에 의한 의미창조가 은유로 표현되며 이러한 은유적 몸의 표현이 신체도식이라고 한 바 있다. 은유란 알려진 것을 통해 알려지지 않은 것을 전하는 문학의 기법을 말한다. 오늘날 이러한 개념을 도입하여 심신의 치유에 도입하고 있는 신체 표현 예술치료자들은 '몸'을 실제적 신체와 은유적 신체로 나눈다. 실제적 신체란 우리가 일상적으로 말하는 몸을 말하는데 몸의 각 부

분들이 각기 고유한 기능을 가지고 있지만 통합되어 하나의 전체를 이루어 개인의 고유한 몸을 이루는 것을 말한다. 은유적 신체란 몸의 각 부분들이 삶의 사건들과 관련되어 감정과 이미지를 포함하며 그것이 은유로 표현될 수 있음을 말한다.(임용자, 2016, p.149) 예를 들어 머리/얼굴은 내면을 들여다볼 수 있는 이미지를 보임으로써 알 수 없는 사람의 마음을 잠시 짐작할 수 있게 하는 은유가 되며 사회적 가면(역할)에 대한 표현 방식이 나타나는 은유가 되기도 한다. 목은 머리와 몸을 연결하는 이미지를 가지며 내적/외적 경험을 분리하거나 연결하는 은유 그리고 입을 통해 나오는 '소리'의 통로의 이미지로 소통의 은유가 된다. 어깨는 자기 힘의 외부적인 표출의 이미지를 주며 자신감 혹은 위축됨을 상징적으로 보여주는 은유가 될 수 있으며 배는 섭취된 것을 보유하거나 배출하기 전의 모습을 이미지로 하여 감정의 억제와 보유를 연결하는 은유가 되기도 한다.(임용자, 150-151)

49. 메를로-퐁티의 '살'의 개념은 자아와 세계가 근접하여 서로를 수용하고 함께 어우러지는 공동토대의 영역이다. 이를 통해 종전의 심신이원론으로 분리된 세상을 하나로 다시 만나게 하는 것을 시도하면서 몸의 현상학의 장이 확장된다. 메를로-퐁티는 이 개념을 통해 그동안 사고의 명증성을 강조해 온 서구 관념론을 넘어서서 의식과 실재를 진정으로 통합시키려는 노력을 완성시키려 하였다.1 그의 '몸의 현상학'은 이처럼 '살아가는 몸'(the lived body)이 '삶'이 있는 세계'(the life-world) 안에서 세계-내-존재로 살아가면서 몸으로 현현하며 세상 다른 존재들과 상호신체적으로 교류하며 '살'의 영역을 만들어 나가고 있음을 보여주었다. 이를 통해 그는 훗설의 '생활세계'와 하이데거의 '세계-내-존재' 개념을 동시에 만족시키고 통합한다.

50. 메를로-퐁티는 행동의 구조화를 가리켜 세계-내-존재로 살아가는 '몸'이 세계와의 연합을 통해 드러내는 '의미의 틀'이라고 한다.(Merleau-Ponty, 1942/1963, 97)

51. 그것은 합리주의 관념론자들이 말하는 대로 인식자 내면의 의식에 의하여 구성되는 결과물이 아니며 또한 자연주의 과학자들이 말하는 대로 고정적인 자연법칙으로 일반화되어 적용될 수 있는 것도 아니다. 전자는 지식과 정보가 자전거를 잘 타기 위한 충분조건이 될 수 없음에서 설명되며 후자는 어느 한 사람의 자전거 타는 법이 모든 사람에게 꼭 같이 적용되고 일반화할 수 없다는 것으로 설명된다.

52. 참조 S. Heinnämaa, 2003, p.23-48.

53. 메를로-퐁티의 '체현(enactment)하는 몸'의 현상학은 근대철학 이후 강조된 데카르트의 심신이원론(Cartesian Dualism)을 넘어서서 몸과 정신은 분리된 것이 아니라 아주 깊이 있게 서로 어우러져 함께 존재하는 범주들로 본다. 데카르트의 심신이원론은 세상의 모든 존재가 두 가지 범주 중 하나, 즉 정신 또는 육체 중 하나에 속한다는 논리로 물질과 정신세계를 철저히 구분하며 정신이 물질보다 우위에 있음을 강조해 왔다. 메를로-퐁티는 이 전통적인 논리를 전면 부정하며 몸과 정신은 분리된 것이 아니라 아주 깊이 있게 서로 어우러져 함께 존재하는 범주들임을 강조한다. '몸'은 '정신'에 비하여 저급한 범주로 여길 수 없으며 정신적인 작용의 대상, 즉 의식의 객체(objects)로만 여길 수 없다.

54. 참조 Dreyfus, 2002; 조광제, 2004, 191. 메를로-퐁티의 지향호 개념은 훗설이 강조했던 에포케에 의한 순수의식의 가치를 인정하되 의식에 치중하여 머리의 작업인 인식론에 그치는 한계를 '몸'이 주도하는 지향호의 개념으로 극복한 것이다. 또한 몸의 지향호는 우리의 몸은 타자가 의식할 때 비로소 의미를 갖게 되는 것이고 스스로를 의식할 수 없다는 사르트르의 입장을 반박한다. 우리 몸은 자기 자신을 돌보는 살아있는 몸으로서 세계를 지각하며 세계를 끌어당기어 교호하며 이를 통해 세계와 어우러져 자기를 실현하는 실제 존재가 된다고 한다. 몸의 지향호는 몸, 마음(정신)과 세계가 하나가 되어 세상의 현상을 체현하고 함께 체험하여 그 의미를 깨닫는 존재이다.

55. 이는 훗설의 '생활세계'와 하이데거의 '세계-내-존재'의 개념을 동시에 만족시키고 통합하는 개념이 된다. '살아가는 몸'은 몸과 마음 그리고 세계가 육화(embodiment)되어 함께 '살'이 되어 전개되는 실존의 장이다. 세상과 함께 통합적이고 지속적인 행동을 드러내는 작업을 하며 세계와 함께 움직인다. 세계 안에서 이루어지는 우리의 연쇄 동작은 이렇게 우리의 마음과 몸이 세계와 함께 육화되어 드러내는 체현(몸의 현상)이 된다.

56. 참조 https://iai.tv/articles/merleau-ponty-and-the-embodied-self-consciousness-auid-1582

57. 자세한 내용은 황헌영의 논문, 2007, p.218 참조.

58. 본 서에서는 Bible을 번역하는 단어로 '성경'을 주로 사용한다. 하지만 특별히 인용한 다른 저술에서 사용한 번역어가 '성서'일 경우에는 번역어의 표현을 따랐음을 밝힌다.

59. 세계를 의식하는 주체와 객체(대상) 모두 '몸'을 기반으로 하고 있음을 주목한다. 인간은 의식이 있기 이전에 이미 몸으로 존재하고 있으며 의식은 몸이 있고 난 이후에야 가능하게 된다.

60. 메를로-퐁티는 의식이 아니라 몸이 의식을 포함하는 인식의 주체로서 세계를 향하고 세계-내-존재로 참여한다는 것이다. 세상의 모든 현상하는 것도 바로 '몸'이며 그 현상을 의식하는 것도 '몸'이 된다. 지향호는 몸에 선험적으로 세상을 접할 준비를 갖추게 하며 우리 몸은 지향호를 통해 세계로 향하여 움직인다. 즉, 우리 내면에 존재하여 세계를 향하고 있는 몸의 지향성을 말한다. 물론 세계의 몸들(타자의 몸들) 역시 이러한 지향호를 가지고 나의 몸을 초청한다. 그래서 세계는 모두 지향호로 움직이는 육화된 몸이 되어 의식의 주체와 객체가 혼연일체를 이루며 상호 연합하는 작용을 하게 된다고 주장한다.(Merleau-Ponty, 1962, pp.203-206)

61. Pitzele(2016)은 그 방법론으로 참여자들이 성경의 인물과의 동일시를 통해 자신의 생각과 느낌 그리고 소망을 대화체로 자유롭게 말하고 표현하여 그들의 삶에 실제적 효과를 미치는 "비블리오로그"(Bibliolog)를 제안했다.(p.18)

62. 황헌영(2021), 이상한 드라마의 앨리스, 사회측정학 부분 참조.

63. 김희영(2020)은 비블리오드라마의 마지막 과정인 나눔의 시간을 가리켜 몸으로 재연한 드라마를 참여하여 알아차린 깨달음, 생각, 느낌, 소감을 정리하는 시간이라고 정의한다. 그 효과로 감정의 정화, 상호위로와 지지, 공동체의 결속력 그리고 자기성찰의 확장이 이루어진다고 강조한다.(p.232, 234-235) 몸으로 성서 이야기에 참여해 봄으로써 성서의 이야기가 자기에게 어떠한 의미로 다가왔는지 그리고 그 가운데서 드러나 자신의 삶에 대하여 깨달은 통찰을 얻는다. 그런데 무엇보다도 중요한 것은 이러한 나눔이 참여자들 가운데서 서로 공감하여 얻는 감정이입을 통해 자기를 더욱 개방하고 타인에게 다가갈 수 있는 계기를 마련해 준다는 것이다. 자신이 연기한 내용에 대하여 '너무 오버했다고 생각하였었는데' 동료들이 오히려 자기의 심정을 완전히 표현해 주어 감정의 정화를 경험했다고 한다. 드라마를 통해 행위로 표출한 용기에 대하여 격려도 받는다. 더하여 평소에 생각하지 못했던 점을 시연을 통해 얻게 되어 감사의 피드백을 받으며 자신의 표현이 모두와 하나로 연결되어 가능했던 것임을 알게 된다.

비블리오드라마와 '몸'의 현상학

이 책은 현대 표현예술치료의 철학적 기반을 제공한 M. Merleau-Ponty 의 '몸'의 현상학의 주요 개념들을 살펴어 기독교계 집단상담 비블리오드라마의 신체활용 액션메소드가 드러내는 '몸'으로 읽는 성서의 의미를 밝히고 현상학적으로 이해하는 데 목적이 있다. 이를 위해 E. Husserl에 의하여 시작된 현대 현상학이 어떻게 M. Heidegger와 J. P. Sartre의 실존주의 현상학을 거쳐 메를로-퐁티의 '몸'의 현상학으로 귀결되었는지 살펴며 비블리오드라마와 평행선을 이루는 개념적인 연관성을 찾았다. 몸의 현상학은 인간이 '의식'이 아닌 '몸'으로 세계를 지향하며 "체현(enactment)하는 몸"으로서 세계와 함께 '육화'(enactment)되어 현상의 의미를 밝히는 작업을 한다. 비블리오드라마 역시 집단활동에 참여하는 이들이 신체활동을 통하여 성서의 이야기 안으로 들어가 '몸'으로 진정한 성육(incarnation)을 경험하는데 이는 몸의 현상학이 주장하는 바 "체현하는 몸"과 평행선을 그리며 두 영역이 만나는 접점을 보인다. 이를 통해 성서 본문을 대하는 몸의 '에포케' 작업, 성서를 향한 '몸'의 지향성, 자발적 신체활동 '몸'을 통해 깨달아지는 성서적 삶을 반추해 볼 수 있다. 이 책을 읽은 이들이 비블리오드라마와 몸의 현상학 두 학문 간의 학제적 연구를 이어 가기를 소망한다.

Bibliodrama and
the Phenomenology of 'the Body'

Whang, Henry Heonyoung, Ph.D

The present study examines Merleau-Ponty's phenomenology of the body, which serves as the basis of modern expressive arts therapy, compares Bibliodrama with Christian group counseling, as well as the parallel between the two disciplines. It achieves this by exploring how the modern phenomenology, originated by Edmund Husserl, underwent Martin Heidegger's existentialism, and found its place in Merleau-Ponty's 'Phenomenology of the body.' The phenomenology of the body reveals that humans have intentionality for the world with 'the body' rather than the conscious mind, and become an 'enactment' with the world as 'the lived body', and the subject and object recognizing the phenomenon become one.Bibliodrama also allows those participating in group activities to enter the story of the Bible through physical enactment and experience true 'incarnation,' which parallels the "the lived body" claimed by Merleau-Ponty, hence making the contact between the two areas possible. The Husserian term of 'Epoque', which is experienced through the "enactment" of the stories in the Bible, and the "intentionality" the 'body' toward the Bible and its reformative work of role change and creation for life show the reserved space shared by Bibliodrama and the phenomenology of the body.

Keywords: Phenomenology of the body, Merleau-Ponty, Bibliodrama, the lived body, enactment

비블리오드라마와 몸의 현상학

초판1쇄 발행 2023년 12월 30일

지은이 황헌영
펴낸이 이영미
펴낸곳 도서출판 액션메소드
디자인 신진이
등록번호 제2019-000041호
주소 서울특별시 서초구 바우뫼로 91 3층 15-1호
전화 070-4177-4567
ISBN 979-11-979538-4-2